Mes Campagnes

par une femme

Autour de Madagascar

MES CAMPAGNES

NANCY, IMPRIMERIE BERGER-LEVRAULT ET Cie

C. VRAY

Mes Campagnes

PAR UNE FEMME

AUTOUR DE MADAGASCAR

BERGER-LEVRAULT ET Cie, ÉDITEURS

PARIS | NANCY
5, RUE DES BEAUX-ARTS | 18, RUE DES GLACIS

1897

A MES AMIS D'INFANTERIE DE MARINE

Le plus petit de leurs camarades,
Le plus grand de leurs admirateurs,

C. Vray.

MES CAMPAGNES

——•o•——

LE DÉPART

Toulon, 10 mai 1894.

Nous allons partir dans deux heures; il fait un temps superbe, malgré la brise assez forte qui souffle depuis deux jours.

J'ai pu visiter hier notre bateau : il a l'air bon enfant, décidé à bien nous mener; nous aurons à bord beaucoup de troupes, des canons, des chevaux, des mulets, le tout très militaire, très correct.

Et quand je pense qu'il y a quinze jours, je ne soupçonnais rien de ce départ! Vous en souvenez-vous, de ce jeudi soir? Ce fut seulement à table, quand chacun eut raconté ce qu'il avait fait dans la journée, que lui, d'un air très tranquille, nous annonça qu'il venait de se faire désigner pour Madagascar.

On envoyait des troupes de renforts en prévision d'une campagne prochaine et, dans quelques jours, elles quitteraient Toulon. Bien entendu, je ne partais pas : c'était impossible, personne n'y songea, excepté moi.

En huit jours j'eus vite fait de prendre mes renseignements : une femme pouvait-elle aller à Diégo-Suarez ? m'accorderait-on mon passage ? Quand je sus tout ce que je voulais savoir, j'obtins de partir et je me sentis tout de suite infiniment soulagée.

Dieu sait pourtant tout ce qu'on m'a prédit et combien de peines et de difficultés nous attendent là-bas : d'abord un affreux cyclone vient, paraît-il, de détruire les quelques maisons qui existaient dans le pays, lequel est un petit coin de terre aride et desséché où souffle huit mois de l'année un vent effrayant ; l'eau est une denrée très rare, et qu'on a, m'a-t-on dit, beaucoup de peine à se procurer ; on ne peut pas se baigner dans les rivières, à cause des crocodiles, ni dans la mer, à cause des requins ; de plus, le pays est infecté de mauvaises fièvres auxquelles peu de gens échappent ; — enfin le tableau est enchanteur !

Et cependant, je pars presque gaiement ; je ne sais si j'ai raison, mais j'ai foi en mon étoile ; tout passe ! même les mauvais jours, et un temps viendra où nous serons de nouveau tous ensemble !

J'ai fini toutes mes dernières courses et visites, réglé mes comptes avec Dieu et avec les hommes ; à présent je puis partir ; du reste, nous aurions beau faire... les départs militaires, c'est fatal ! Au revoir donc et jamais adieu ; c'est un triste mot ; pensez un peu à nous et gardez-moi ma place très grande et très sûre.

EN MER

12 mai.

Nous voilà déjà bien loin de France ; hier matin, nous passions en vue de l'île d'Elbe, pauvre petit coin de terre rempli de souvenirs d'antan qui vous reviennent à la mémoire à mesure qu'on approche de ces quelques rochers gris affreusement tristes et lugubres, tout seuls, au milieu de cette grande mer. Ce soir, à la tombée du jour, nous venons de traverser ce délicieux détroit de Messine : rien n'est plus joli que ce passage si près de terre ; c'est la troisième fois que je le vois, mais c'est toujours avec le même plaisir.

A notre gauche, nous apercevons la côte d'Italie, tout égayée de petites voiles blanches qui filent comme des argonautes ; tout le long, presque, de la plage, un minuscule chemin de fer dont la vue seule nous réjouit : il a l'air d'un joujou avec son cri aigu quand il entre et sort de tous ces tunnels qui, eux aussi, semblent avoir été mis là à plaisir. De l'autre côté, c'est la Sicile, avec ses petites maisons blanches à larges terrasses dont les jardins descendent en pente jusqu'à la mer.

Tout le monde est sur le pont, les yeux grands ouverts pour tout voir à la fois, les lorgnettes braquées sur les côtes ; car voilà que nous regardons toutes ces choses avec délice, le cœur un peu ému de voir pour la dernière fois cette jolie terre d'Europe, songeant en nous-mêmes que, dans trois jours seulement, nous serons au milieu de ces races noires, si différentes de nous, qu'aucune civilisation n'a pu changer et qui ont gardé sévèrement les mœurs et les costumes des siècles qui les ont précédées.

Mais j'oublie de vous donner de nos nouvelles, qui sont assez bonnes ; nous avons eu en quittant Toulon un fameux mistral, une mer démontée, et surtout une brise assez forte pour imprimer au bateau des balancements funestes à nos estomacs, encore un peu terriens et qui venaient de recevoir le coup de grâce avec les émotions du départ.

15 mai.

La brise est tombée, les vents sont calmés; nos cœurs et nos esprits sont au repos, chacun a repris son calme et sa sérénité. Un mot sur notre bateau, ses habitants, la vie du bord.

En arrivant ici, on nous a présenté, avec une étiquette toute militaire, tous les officiers embarqués avec nous : d'abord le colonel et sa femme, que je connaissais déjà ; ils ont avec eux trois enfants, dont le plus petit a trois mois ; avec les nôtres cela fera cinq à bord, dont l'aîné a sept ans ; le colonel et sa femme prennent leur repas avec le commandant ; nous, nous sommes au carré ; les enfants mangent avec nous, et c'est votre servante, s'il vous plaît, qui préside la table des officiers.

Et moi, je les aime, nos compagnons de voyage ; ils ne ressemblent en rien aux passagers que nous aurions pu rencontrer sur les paquebots : Australiens vulgaires et communs, marchands de moutons enrichis qui viennent faire du chic en Europe.

Tous ces officiers partent joyeux, contents de leur sort, ravis à l'idée d'une campagne prochaine ; enfin il a germé dans leur tête quelque chose de bon, d'honnête, de droit ; chacun regarde sans sourciller l'avenir qui l'attend, fait des mêmes peines et des mêmes luttes : notre chemin, à tous ici, est le même, notre but aussi, et nous sommes presque camarades dans la route qu'il nous faut suivre.

Il me semble que nous vivons dans une grande caserne ; ces six cents soldats qui, comme nous, sont sur le pont, tous ces officiers, ces uniformes, tout cela est très militaire : notre vie est réglée par le clairon, on fait le rapport, l'exercice, on passe la revue, et les jours s'écoulent plus vite qu'on ne l'aurait cru, car d'ordinaire les journées sont longues à bord : on a beau s'occuper, on ne peut faire longtemps la même chose ; cependant, nous travaillons, nous lisons beaucoup, chacun faisant échange de livres et de journaux. Les heures de repas ne sont pas drôles : déjeuner à neuf heures, diner à cinq heures, mais on s'y fait, étant donné qu'on est levé à six heures et qu'on se couche d'assez bonne heure.

Nous avons deux cabines et chacun un enfant. Ai-je besoin de dire que ceux-ci nous occupent beaucoup ? il faut les faire travailler, les occuper, les amuser. Pour nous aider dans cette tâche, on a mis de faction devant eux le soldat le plus débrouillard ou du moins le plus dévoué qu'on ait pu trouver parmi tous ces hommes, en lui expliquant bien la tâche et la responsabilité.

— Aimez-vous les enfants?

— Oui, mon capitaine.

— Vous en aurez soin? Ils ne se ficheront pas à l'eau?

— Oh! pour ça non, mon capitaine.

— Ça va bien.

Cette manière d'engager une bonne d'enfants dans le métier militaire est décidément bien supérieure à la nôtre; c'est clair, précis, et exprime en peu de mots ce que nous ne savons pas dire en de longues explications. Donc, Moë et Jacques, chacun une main dans celle de leur nouvelle bonne, varient leurs plaisirs en allant voir les mulets et les chevaux, les soldats manger la soupe, ou le cuisinier préparer la nôtre; j'oublie le boulanger, qui est pour eux une des distractions du bord; sa gentillesse va jusqu'à donner de la pâte, qu'on pétrit avec énergie et qui fait de délicieux petits pains.

Nous continuons à filer droit sur Port-Saïd, où nous espérons arriver demain à midi; nous y resterons quelques heures, puis nous repartirons pour

Diégo, sans faire d'autre escale qu'une halte d'une demi-journée à Périm, pour prendre du charbon, et ce sera tout. En somme, nous allons faire quinze jours de mer sans arrêt, ce qui nous semblera un peu long peut-être.

PORT-SAÏD

17 mai.

Hier, bonne escale à Port-Saïd, la vraie *bordée* du matelot en permission sentant qu'on va le rembarquer.

En arrivant à terre à midi, nous commençons par prendre des ânes pour les enfants et nous pouvons faire et voir beaucoup de choses pendant nos deux heures ; d'abord quelques achats oubliés et indispensables. Nous constatons que la ville s'est beaucoup augmentée : on y a bâti des hôtels immenses, des magasins de toutes sortes, anglais, allemands, français, chinois, où l'on trouve à peu près ce que l'on veut et même ce qu'on ne veut pas, puis des églises, des couvents, des mosquées, des chapelles de tous les cultes, le tout dans ce désert au milieu du sable, sans un pouce de verdure.

Ensuite nous partons pour le village indigène,

toujours curieux à revoir; tous ces types arabes sont sympathiques et intéressants, les costumes scrupuleusement conservés; celui des femmes surtout est curieux et bizarre; elles sont entièrement drapées, la figure voilée, ne laissant voir que les yeux et, tout le long, c'est-à-dire du front au menton, un chapelet de petites pièces de cuivre d'un assez drôle d'effet; elles vont et viennent dans les rues portant sur leurs épaules des enfants nus, très beaux, mais pas toujours propres, car leurs jolis yeux noirs, si doux, si expressifs, sont souvent couverts de mouches et tout le reste à l'avenant.

Tous ces gens se poussent, se heurtent dans ces ruelles étroites ou dans ces rues immenses transformées en bazar et où sont amoncelées des marchandises extravagantes, fruits exotiques de toutes sortes: melons, pastèques, concombres, cornichons gigantesques, ou bien ces mêmes fruits confits dans des sirops poisseux d'un rose violacé, mélangé de vinaigre et de sucre.

Toute cette foule crie, se parle, s'appelle dans une langue inconnue et étrange; le marchand d'olives, brochant sur le tout avec un cri extraordinaire, me rappelle avec délices les *Mille et une*

Nuits et l'*Histoire d'Ali-Baba* ; et nos vieux Arabes qui conduisent les ânes des enfants s'élancent en avant pour nous faire un chemin, lançant à l'aveuglette des coups de bâton aux oisifs qui se permettent de causer dans la rue ; c'est la confusion de la tour de Babel que ce Port-Saïd.

Un peu de toutes les nations, de toutes les races sont entassés dans ce coin de désert, attirés là par le nombre infini de bateaux qui, nuit et jour, viennent stopper quelques heures, attendant leur tour pour entrer dans le canal.

LE CANAL DE SUEZ

Vers trois heures nous reprenons une embarcation qui nous remet à bord et de suite nous repartons ; le soir on organise à l'avant la lumière électrique et nous pouvons ainsi passer de nuit.

Navigation calme et reposante que celle de ce canal et qui a bien son charme. Que de malheurs, de tempêtes, de jours d'effroi évités par ce travail merveilleux et délicat que les hommes craignent chaque jour de voir s'effondrer, et pour lequel on prend les plus grandes précautions !

En effet un télégraphe est disposé sur les berges du canal et, à chaque station, les bateaux reçoivent l'ordre d'avancer ou d'attendre selon la marche de ceux qui les précèdent. On vous donne à bord un pilote qui doit non seulement vous conduire, mais encore régler la marche du bateau, qui ne doit jamais dépasser deux ou trois nœuds, sans quoi le remous d'une trop grande vitesse ferait ébouler les bords du canal et pourrait le combler.

On a essayé de tout pour en maintenir les bords : des pierres, du ciment, des arbres, des tamaris ; rien n'a réussi ; le sable qu'on ne peut consolider ni affermir retombe toujours avec une persévérance navrante. Ce sont en somme les pauvres chameaux, véritables habitants du désert, qui, chaque jour, font ce travail sans fin dont aucune force humaine n'a pu venir à bout ; on les voit, lentement et avec patience, venir se coucher devant la berge, recevoir leur lourde charge de sable, puis, avec docilité, repartir beaucoup plus loin dans le désert, déposer cette même charge pour revenir ensuite en prendre de nouvelles.

Le soir.

Une nuit tranquille et bienfaisante comme les nuits qu'on passe à terre ; plus de roulis, plus de tangage ; on est partagé entre le désir de rester sur le pont pour jouir de toutes ces choses, au lieu d'aller dormir consciencieusement en prenant un bon acompte sur les nuits à venir. Finalement nous restons sur le pont, c'est amusant de constater les progrès, de voir les constructions nouvelles, nous qui sommes passés là quatre ans auparavant ; c'est que sur ces berges, tout le long du désert, est établie une assez grande population de gens travaillant au canal, depuis les petites maisonnettes des simples employés jusqu'aux grandes demeures, à l'architecture compliquée, des administrateurs de la compagnie.

D'abord le principal changement est le nouveau chemin de fer qui va de Port-Saïd à Ismaïlia, longeant le bord du canal ; un chemin de fer en plein désert, perdu dans le sable, voisinant avec les caravanes de chameaux, rien n'est bizarre comme ces deux choses. Tous les habitants ne craignant plus le grand soleil de la journée sont dehors, la plupart installés devant leur maison, regardant passer devant eux mélancoliquement tous les bateaux, la plus grande distraction pour ces exilés ; ils font mille conjectures sur ce petit monde flottant, se demandant d'où il vient, où il peut bien aller, à quel pays, à quelle compagnie il appartient.

Pour se renseigner, on regarde tout de suite le pavillon, la couleur de la cheminée : « pavillon blanc et coins rouges, cheminée noire et rouge, ce sont les Messageries maritimes » ; le nôtre, appartenant aux Messageries nationales, a sa cheminée noire et bleue et, comme il porte des troupes, il a le pavillon tricolore au mât d'artimon.

Par instant, les maisonnettes que nous dépassons ont des petits jardinets, quelques arbres, un peu de verdure, des fleurs, grâce au canal d'eau douce qui longe le nôtre, et aussi aux efforts de tous ces gens pour arriver à ce bon résultat.

Quelquefois, sans se connaître, on se fait des signes d'amitié et d'adieu ; nous passons devant la maison des Sœurs : dans un petit jardinet séparé du chemin par une simple grille, c'est une ronde folle dansée par des petites filles françaises et arabes, une ronde de France sur un vieil air qui aura fait danser plus d'une génération, et dont les paroles drôlettes arrivent joyeusement jusqu'à nous comme un dernier souvenir du pays. Un peu plus loin sont les Frères des écoles chrétiennes avec une ribambelle de petits garçons qui agitent leurs chapeaux en nous envoyant leurs souhaits de bon voyage.

Et ces aperçus d'intérieur nous amusent et nous étonnent, nous qui nous sentons si loin de chez nous; pendant que ces vies calmes et monotones s'écoulent paisiblement, frôlant chaque jour les agitations, les départs et les retours de tous ces peuples différents. De temps à autre, défilent devant nous des Arabes montés sur des petits ânes, des voitures à l'aspect colonial, une église, des maisons plus importantes étonnées de se trouver dans un pareil désert; puis, tout du long du canal, souvent plusieurs à la fois amarrés les uns aux autres, des bateaux plats recouverts d'un toit les mettant à l'abri du soleil, que les enfants persistent à appeler des arches de Noé; en effet, c'est le vrai bateau joujou contenant les bêtes en bois blanc qui nous ont tant amusés les matins de jour de l'an. Tout cela passe devant nos yeux comme les verres d'une lanterne magique; quand ces stations sont passées, nous retombons dans le calme plat, dans le vrai désert.

Alors, là, nous avons comme compagnons de route, nous suivant majestueusement à des allures aussi calmes que la nôtre, toutes les caravanes qui défilent nuit et jour s'en allant faire le saint pèlerinage de la Mecque, le grand voyage que tous ces gens ne feront qu'une fois dans leur vie, auquel ils ont songé peut-être pendant de longues années avant de pouvoir se mettre en route. Voyage long, difficultueux, pénible de toutes façons : les femmes et les enfants s'entassent sur les chameaux ; les hommes à pied, le grand bâton à la main, ayant des airs de prophètes majestueux et résignés, résignés pour les longues heures de marche dans le désert sous un soleil écrasant, résignés pour la mauvaise nourriture et les fatigues de tous genres. Car rien ne rebute ces cœurs braves, dont le courage est immense, dont la bravoure est guidée par une seule et grande idée : Allah ! leur dieu pendant la vie... et Allah encore après la mort.

. . . .

J'ai toujours eu pour les Musulmans et principalement pour les Arabes une grande sympathie, je dirai même une grande admiration ; leur livre du Coran est une œuvre magnifique dans laquelle nous autres chrétiens pourrions puiser sans fausse honte.

Quelquefois, nous stoppons : c'est à peine si l'on s'en aperçoit, tant le mouvement du bateau est doux ; on s'arrête quelques instants dans les principaux garages possédant des bacs, pour donner le passage à l'une de ces caravanes.

Peu à peu, la nuit tombe ; nous ne voyons plus

rien, nous n'entendons plus rien : c'est l'horizon du désert mélangé avec celui du ciel; les étoiles une à une s'allument silencieusement dans l'immensité, et nous songeons alors au joli tableau de Merson, *le Repos en Égypte :* la Vierge endormie dans le désert et protégée par ce sphinx de pierre, qui semble immuable comme un dieu.....

..... C'est une bonne et douce chose que ce grand silence du soir..... et aujourd'hui c'est presque imposant. Tous les hommes dorment sur le pont, couchés par terre; une sentinelle se promène en faisant les cent pas au milieu d'eux, ayant l'air de veiller ses morts...

Plus tard dans la nuit nous passerons devant Ismaïlia, les lacs amers, et, au petit jour, nous serons à l'entrée de la mer Rouge.

SUEZ

17 mai.

Finie, la jolie navigation du canal. Ce matin à six heures nous étions à Suez; on a stoppé une heure, le temps de déposer le pilote et de donner les papiers nécessaires; le bateau n'a pas touché terre: la chaloupe de Suez est venue jusqu'à nous, et, à sa suite, beaucoup de barques à voiles du pays venant offrir chacune sa marchandise : oranges, dattes, figues, raatloucoum, etc. On parlementait avec les indigènes du haut du bateau dans un langage extraordinaire; on montait les objets dans des paniers que nous attachions à des cordes ; enfin tout cela était une distraction et nous a occupés pendant deux heures.

LA MER ROUGE

Pour l'instant, ce sont nos journées les plus pénibles qui vont commencer : quatre à cinq jours de navigation dans la mer Rouge ; nous allons entrer dans cet état d'anéantissement, — d'hébétement, dirai-je même, qu'on éprouve toujours en traversant cette mer si chaude. Et encore, nous qui avons un bon bateau à vapeur, marchant bien, sans souci du vent arrière ou du vent debout pour nous faire avancer, nous n'avons pas à nous plaindre.

19 mai.

Les heures sont lentes à s'écouler, et les jours n'en veulent pas finir ; les cabines sont terriblement chaudes la nuit et nous avons pris le parti de coucher sur le pont.

Le soir chacun s'installe sur un coin de banc, sur des chaises longues ou, la plupart du temps, par terre. Rien n'est bizarre comme ce campement de nuit : c'est le bivouac sur le pont; chaque soldat apporte à son lieutenant, à son capitaine, une couverture, une capote, ou une pèlerine, car nous espérons bien un peu de fraîcheur vers les deux heures du matin; on nous recommande même de nous couvrir les yeux à cause de l'humidité qui peut être dangereuse. Si bien qu'avant de s'endormir chacun de nous tire son mouchoir, le plie et se bande les yeux tranquillement, ainsi qu'il est indiqué.

Il fait encore bien lourd, mais le sommeil l'emporte; les conversations cessent, le silence se fait petit à petit; on n'entend plus que les bonsoirs de chacun : « Bonsoir, mon lieutenant; bonsoir, mon capitaine; bonsoir, madame; bonne nuit. » Et le matin, au petit jour, notre bateau prend des aspects lugubres et terribles; tous ces uniformes, ces gens étendus là sur le pont, un bandeau sur la figure, donnent la douloureuse illusion d'un champ de bataille au lendemain du combat.

PÉRIM

22 mai.

Escale d'une demi-journée. Petit point aride et désolé s'il en fut, véritable sentinelle anglaise à la porte de la mer Rouge.

Rien que des rochers gris et de la terre rouge; on aperçoit cependant dans le fond de la rade deux ou trois baraques, un semblant d'hôtel, une machine à distiller, puis, au sommet de l'ile, le fort qu'habite une garnison relevée tous les mois.

Personne n'est descendu, bien entendu; je dois même dire qu'aucun de nous n'en avait envie.

Nous sommes mouillés dans le milieu de cette petite rade et nous n'y devons rester que juste le temps de faire du charbon.

La chaleur est extrême, il n'y a pas un souffle d'air et nous sommes affalés sur le pont, sans forces et sans courage, tellement noircis par la houille que nous en devenons littéralement méconnaissables.

Autour de nous, on n'entend que les cris sauvages des noirs qui embarquent le charbon.

Ils arrivent par centaines sur des barques immenses, très semblables à celles du Dante aux enfers, poussant des clameurs étranges et féroces, faisant les mêmes mouvements ensemble et en cadence pour décharger leur sac dans la cale ; ils sont impressionnants tous ces diables vivants, allant et gesticulant au milieu d'un épais nuage de poussière noire.

23 mai.

Hier un incident des plus comiques, une vraie scène de Molière, mais qui aurait pu cependant tourner très mal, nous a forcés à nous relever un peu de notre apathie et de notre engourdissement. Imaginez que nous avons à bord comme médecin un pauvre vieux docteur tout à fait mûr pour le repos, qui nous a été donné par-dessus le marché dans l'adjudication et qui fait les choses avec une désinvolture sans pareille.

Oh ! grande Faculté de médecine, que diriez-vous de ce confrère qui soigne chaque jour ses malades sans le moindre souci du microbe et des antiseptiques !

Le matin, la consultation se passe sur le pont. Le docteur, qui a l'air d'un vieux loup de mer, les pieds dans ses pantoufles et ne lâchant jamais sa pipe, s'assied tranquillement sur un banc et regarde défiler devant lui les soldats malades.

— Qu'est-ce que vous avez, mon garçon ?

— Mal aux dents, docteur ; j'ai un abcès sur la gencive.

— C'est rien, je vais vous ouvrir ça.

Et le docteur tire de sa poche un bistouri qu'il essuie un peu sur le revers de sa manche. Un cri de douleur !

— Ça y est, à un autre.

Et le pauvre troupier s'en va crachant un peu de sang sur le pont et tenant sa tête dans ses mains.

— Et vous, qu'est-ce que vous avez ?

— Ah ! docteur, un clou à la jambe.

— Montrez-moi ça.

— Aïe.

Une bonne ouverture avec le même bistouri et le tour est joué.

Tous les matins nous les voyons défiler à côté de nous, les pauvres, et je me penche un peu de côté regardant tout doucement pour m'habituer à être brave.

Aujourd'hui, après le déjeuner, c'est-à-dire vers midi, ce pauvre docteur, qui avait probablement bien déjeuné, peut-être même bu sec et dans tous les cas fumé de nombreuses pipes, ayant passé la matinée enfermé dans sa cabine avec son infirmier pour y confectionner des cachets de quinine, montait sur le pont très rouge, violet même, trébuchant légèrement et finalement venait s'effondrer sur un banc, perdant connaissance.

Impossible de crier comme on le fait en pareil cas : Un médecin ! un médecin ! puisque le seul que nous avions était là, bien mal hypothéqué, ma foi.

Alors se passa la chose la plus drôle et la plus risible qui se puisse imaginer, car tout amuse des gens ayant aussi peu de distractions que nous : un médecin malade livré à tous ses clients, dans l'impossibilité complète de se défendre et se voyant menacé d'absorber toutes les médications, tous les remèdes que, lui, médecin, eût ordonnés en pareil cas, mais n'eût peut-être pas pris.

Nous voilà naturellement tous affolés, accablant de questions ce malheureux qui n'en peut mais et respire à peine.

On se concerte, on parle tous à la fois. « Il a

une attaque, une congestion. — Pas du tout ! — Mais si. — Non. — Il est perdu ! Oh ! mon Dieu ! » Chacun va, vient, court à sa cabine et revient, triomphalement tout fier de son idée, feuilletant avec rage le bouquin de médecine que tous les voyageurs se croient obligés d'emporter en voyage et auquel ils ne comprennent rien la plupart du temps.

D'abord où est l'infirmier ? Vite, vite, qu'on le fasse monter ; on le cherche partout, impossible de mettre la main dessus. Enfin, au bout de quelques minutes on le retrouve, et chacun peut reconnaître, à sa démarche chancelante et à ses paroles embarrassées, qu'il est gris comme un Polonais.

On va aux renseignements, on s'informe et on s'aperçoit qu'il a consommé à lui tout seul tout le malaga et autre vin destiné au quinquina des malades. Celui-là, par exemple, n'y échappe pas et on le fait mettre aux fers immédiatement. Ça, c'est de la bonne besogne. Nous voilà donc livrés à nous-mêmes pour soigner le malheureux docteur ; que Dieu le protège !!!

Jamais je n'oublierai cette scène grotesque, la frayeur de tous, l'air important de chacun voulant administrer son médicament favori. L'un de nous s'avance, son livre à la main, il a trouvé ; je dois dire qu'il a été au plus pressé, ayant cherché tout au commencement du livre : *A... Apoplexie...*; il lit d'un air grave : « Si une personne tombe sans connaissance, ayant la figure rouge, la tête chaude, la respiration embarrassée, on peut croire qu'il s'agit d'une apoplexie. Pendant qu'une personne va à la recherche du médecin qui ne tardera pas à arriver (oh! cruelle ironie du sort!), voici ce qu'il y a à faire : coucher le malade, tenir la tête couverte de compresses d'eau glacée souvent renouvelées, tenir les pieds chauds, etc. » Et tout le monde s'écrie en chœur : « Évidemment, c'est ce qu'il a : vite de la glace sur la tête ! »

Quelques soldats sont là qui contemplent cette scène, prêts à obéir au premier signe ; l'un d'eux revient avec la glace demandée, on l'écrase, on l'enveloppe dans une serviette et on emmaillote la tête du malade. Voilà déjà un bon commencement.

« Je vous assure, dit un autre, qu'il faudrait lui mettre aussi des rigollots, je me souviens qu'un de mes oncles avait eu quelque chose dans ce genre-là, et c'est ça qu'on lui a fait. » Puis chacun se souvient qu'il a eu pareillement un cousin, un grand-père, un parent quelconque ayant eu semblable maladie.

« Vite, mesdames, courez à la cabine du docteur, vous trouverez mieux que nous. » Nous descendons dans ce petit cagibi qui sert de pharmacie ; cela empoisonne le tabac, l'absinthe et les drogues ; c'est un désordre fou. Après avoir tout remué, vidé tous les tiroirs, nous trouvons les bienheureux sinapismes.

Le pauvre homme continuant à être dans un état inquiétant, ne faisant aucun mouvement et ne répondant pas à nos questions, on lui applique deux bons rigollots et patiemment nous attendons l'effet ; au bout d'un quart d'heure l'effet ne s'étant pas fait sentir, nous convenons de donner un bain de pieds synapisé ; on déchausse le malheureux ; l'un tire un soulier, l'autre une chaussette, tout cela avec des airs effarés, empressés qui sont comiques au possible ; c'est que nous avons le trac en songeant que ce pauvre homme peut mourir là, et notre imagination vagabonde va plus loin que la réalité.

Combien de temps cela peut-il durer? Jusqu'à ce soir peut-être, jusqu'à demain. Il va mourir bien sûr, il ne revient pas à lui; alors ça va être affreux; nous serons obligés de le jeter à la mer. Et nous le voyons déjà dans l'horrible sac, s'en allant par-dessus bord et nous laissant épouvantés avec la charge de 800 hommes, une quinzaine d'officiers, femmes, enfants, 30 chevaux et mulets, cela pendant encore une bonne semaine de traversée qu'il nous reste à faire, sans arrêt, sans escale.

Au bout d'une demi-heure de médications tant soit peu fantaisistes, dont je ne cite que les plus importantes, nous pensons qu'il serait peut-être prudent de faire prévenir le commandant qui est sur la passerelle, très occupé des manœuvres de son bateau.

Il arrive dix minutes après, se lamente ainsi que nous, mais, en homme prudent, nous conseille de ne plus rien lui faire. « Du reste, dit-il, je vais vous envoyer le maître d'hôtel qui le connaît et donnera peut-être un sage conseil ». En effet, nous voyons arriver ce dernier, un verre à la main, tournant la cuillère d'un air convaincu : c'est un de Marseille, il a l'accent.

D'un geste à la Tartarin il veut calmer tout le monde: « Té, dit-il, ne prenez point le trouble; je sais ce qu'il a, j'apporte le remède, ça va le guérir sûr. » C'est un ipéca, un formidable ipéca ; comment diable n'y avions-nous pas songé ! Pauvre homme, il est complet.

. . . .

Parmi tous ces officiers occupés avec la plus grande bonne volonté à achever ce malade, il en est un qui n'a pas voulu prendre part à cette rude besogne : c'est le nerveux du bateau ; il se promène de long en large, les mains dans ses poches, l'air mécontent, haussant les épaules, jurant et répétant avec persistance : « Mais ! le malheureux, laissez-le donc tranquille ; vous allez l'achever si vous vous y mettez tous ; vous voulez donc le tuer. Oh ! le pauvre diable, il n'y résistera pas ! »

24 mai.

Tout est bien qui finit bien : grâce à Dieu, — je ne puis vraiment dire grâce à nous, — le docteur est sauvé ; il n'y paraît plus. Ayant repris connaissance à la longue, il a demandé force explications sur ce qu'il avait bien pu avoir, n'ayant pas souvenance de l'ipéca sauveur.

Heureusement pour lui il ignore tout, sans quoi, il en mourrait de honte, car c'est vraiment la plus belle vengeance des malades que d'avoir à soigner un médecin sans défense.

De nouveau, il fume sa bonne pipe, disant à tous d'un air calme : « C'est égal, je voudrais bien savoir ce qui a pu m'arriver. »

UNE FÊTE A BORD

25 mai.

Une petite fête à bord pour calmer les esprits agités et distraire un peu tous ces soldats qui, livrés à eux-mêmes, redeviennent comme des enfants.

Tous ont été réquisitionnés et, pour la circonstance, chacun se trouve un petit talent.

Le commandant, avec son obligeance habituelle, met tout son bateau à notre disposition.

De jolis pavillons de toutes couleurs, des signaux de tous les genres, sont drapés, tendus, entrelacés à l'arrière, dans les bastingages, au cabestan, sur le gui, formant une petite salle de théâtre; un fanal de couleur posé çà et là envoie sa jolie lumière rouge sur les nombreux assistants.

Chaque soldat, très ému, apporte son petit contingent à la fête : chansons grivoises ou anodines, grand monologue patriotique qui fait battre des mains avec enthousiasme ces six cents soldats pendus en grappes le long des mâts et des cordages.

Puis un intermède de gymnastique qui nous cause une vraie frayeur, tant la place manque; mais les jeunes soldats qui se livrent à ces cabrioles dangereuses conservent malgré nos cris d'épouvante un air assuré et tranquille, rebondissant lestement, parant les coups et les chutes et retombant légèrement sur leurs pieds avec le sourire aux lèvres qui doit rassurer le public et leur vaudra nos bravos enthousiastes.

Le clou de la soirée est toute une comédie jouée par des gens du métier[1], de vrais clowns en costume. On a retiré tout cela du petit sac en toile où chaque homme range ses affaires; c'est encore un peu chiffonné, mais c'est tout de même une bonne aubaine, pour les perruques en étoupe, de parader sous une telle latitude.

Et pendant cette soirée de récréation pour tous, notre grand bateau continue sa marche vers le but à atteindre, traçant majestueusement son sil-

---

1. Des soldats qui, avant leur entrée au service, avaient travaillé dans un cirque.

lon au travers de cette mer immense, emmenant loin du pays nombre de gens qui, pour l'instant, rient de tout leur cœur et pour lesquels, cependant, la vie sera rude, pénible, et dont beaucoup peut-être ne reviendront pas.

EN MER

31 mai.

— Monte, viens vite, on voit la terre! Et me voilà réveillée en sursaut, assise sur ma couchette, me frottant les yeux, presque triste de me réveiller car je rêvais hélas! que nous étions encore en France, et je croyais vraiment m'être endormie à Paris. Je m'habille à la hâte, laissant les petits dormir encore du bon sommeil des bébés sans souci de ce qui les attend.

Depuis hier soir, la mer s'est un peu calmée, mais quels mauvais jours nous venons de passer pour doubler ce maudit cap d'Ambre, aux prises avec la mousson. Oui, on commence à la voir cette terre de Madagascar, encore bien lointaine, car il est cinq heures du matin et nous ne serons guère là-bas avant midi. Très loin, avec la lorgnette, on aperçoit comme une traînée blanche, cela ressemble à un nuage qui serait plus bas que les autres; pour mieux distinguer il faut attendre encore quelques heures et cette attente est lugubre.

Cependant nous sommes les veinards du bateau ; notre traversée est finie, les autres ont encore quelques jours de mer pour aller à la Réunion ; car le *Chandernagor* n'ira pas plus loin; le plus pénible sera pour eux l'escale de Diégo, qui menace de durer dix à quinze jours, étant donné le déchargement de tous les matériaux que nous apportons pour la reconstruction des bâtiments militaires que le cyclone a en partie démolis.

Nous nous promenons donc silencieusement sur le pont, étonnés de pouvoir marcher sans tomber, sans être jetés de droite et de gauche, jouissant de ce calme de la mer et de cette fraîcheur du matin. On descend fermer les malles, ranger ses affaires et jeter un dernier coup d'œil à la petite cabine hospitalière qui nous aura abrités pendant cette courte existence de vingt jours.

Le soleil monte, il commence déjà à faire chaud, de nouveau nous regagnons le pont; mon Dieu, que c'est lugubre, que c'est triste ce qu'on voit ; toutes ces montagnes grises dénudées, brûlées par le soleil, et cette terre rouge sans arbre, sans verdure; on la voit distinctement à présent la terre; oh! oui, on ne la voit que trop bien hélas ! c'est à jurer que nous sommes encore dans la mer Rouge tant l'aspect est semblable, et nous nous regardons tous attristés de ce que nous voyons, sans oser nous parler.

Ceux-là mêmes qui nous enviaient tout à l'heure nous regardent avec compassion, nous, le petit groupe qu'on va débarquer, et leur envie se change en pitié. Le plus philosophe se hasarde à dire : « Ah ! mais, attendez ; ça sera mieux tout à l'heure, ce sont les côtes ça ; si nous allions voir à l'avant sur la passerelle. » Oh ! oui, allons sur la passerelle ; et nous filons tous en bande traversant tout le pont rempli de soldats qui eux aussi examinent la terre avec anxiété.

Ceux de Diégo sont là, debout, habillés dès l'aube, la vareuse de laine encore chiffonnée, marquée de plis et ayant déjà cette odeur d'âpreté et de moisi que prennent tous les vêtements à bord ; ils sont tous rangés le long du bastingage, la tête dans les mains, écoutant avec calme les réflexions gouailleuses des camarades : « Dis donc, mon vieux, il est rien chouette le pays ; tous mes compliments ; on va s'amuser ici, puis on sera à l'ombre au moins ; oh ! la la !... »

EN RADE DE DIÉGO-SUAREZ

Par un soleil de plomb,... une chaleur horrible...

Il est deux heures quand nous mouillons enfin dans la rade... Oh ! cet affreux pays, ce coin de terre française sur lequel on va nous laisser ; c'est pis que tout ce que nous pensions ; c'est plus triste, plus misérable que personne n'eût osé s'y attendre. Nous sommes tous sur le pont, équipés, habillés pour descendre, et c'est dans un silence morne que nous attendons la chaloupe qui doit nous emmener.

De temps en temps une réflexion d'enfant naïve et gaie nous fait rire une minute et nous réconforte ; c'est Jacques qui s'écrie : « Tiens, là-bas, dans un champ, des gros pâtés de foin comme en France ; quel bonheur, on va se rouler dans l'herbe, dis, maman ? » Et j'affirme que oui, sachant la chose impossible : d'abord le soleil ; le maudit soleil ; et puis, quand on veut s'asseoir par terre aux colonies, tout le monde s'écrie : Oh ! ne vous asseyez pas ; attention aux bêtes, gare les scorpions, les fourmis, les cent-pieds, sans compter les moustiques, qui, en cinq minutes d'immobilité, vous rendraient enragé.

Mais voilà la chaloupe qui quitte terre, nous la voyons s'avancer doucement avec ses soubresauts réguliers ; son affreux bruit de machine arrive jusqu'à nous, et elle roule... elle roule... Car, dans cette rade de Diégo, il y a toujours de la mer, la houle de fond, comme disent les matelots.

La voilà qui s'arrête à tribord, ne pouvant encore accoster, car on est en train de mettre les échelles. Il y a du monde dans la chaloupe, des officiers en uniforme qui viennent chercher les camarades et savoir des nouvelles, puis le directeur du port ; celui-ci porte un casque d'une grandeur fantastique, une sorte d'ombrelle immense qui ne laisse voir que les jambes ; on sent tout de suite que dans le pays on ne plaisante pas avec le soleil : aussi je me vois déjà menacée d'un champignon de cette grandeur-là. Anxieux, nous nous penchons pour écouter les nouvelles, savoir ce qu'on va dire.

Nous avons à bord un officier qui est déjà venu dans le pays; il est donc un peu au courant, et c'est lui qui prend la parole et s'adresse au directeur du port qui est dans la chaloupe.

— « Comment ça va-t-il ?

— Ça va mal, répond l'autre, mettant ses mains en porte-voix pour que ses paroles nous arrivent mieux. La saison a été très mauvaise ; beaucoup de fièvres, beaucoup de malades.

— Et le commandant X..., toujours là ?

— Parti malade par le dernier courrier.

— Et le lieutenant R... et sa femme ?

— Partis malades tous deux ; vous n'en avez pas eu de nouvelles en route ?

— Non... Il paraît que vous avez eu un cyclone le mois dernier ?

— Oh! oui, un cyclone affreux! » Et faisant un geste désespéré de ses deux bras, il n'ose rien ajouter.

Et toutes ces paroles encourageantes arrivent bien jusqu'à nous, nous tombant sur le cœur comme des gouttes de plomb.

A présent nous sommes fixés ; ces quelques renseignements nous suffisent pleinement ; nous quittons le bord sans aucun enthousiasme.

Nous commençons par avoir mille peines à aborder, car bien entendu il n'y a ni quai, ni jetée, ni embarcadère ; un très petit appontement sert aux embarcations, mais le cyclone ayant démoli les premières marches de l'escalier, elles sont restées là, formant comme un récif, et empêchant les embarcations d'accoster.

Un officier marié, le seul du reste, offre très gentiment de nous piloter et de nous emmener chez lui. Nous traversons ce qu'on est convenu d'appeler la ville basse, se composant d'abord d'un misérable quai ou plutôt du bord de la mer sur lequel sont échelonnées quelques cases ; la direction du port, les subsistances, les Messageries maritimes. Sur le sable noir sont couchées aussi quelques pirogues d'indigènes.

Nous parcourons l'unique rue, où sont de chaque côté les échopes des marchands indiens, construites en bois avec des toits de fer-blanc, quelques misérables boutiques françaises, tout cela ayant l'air ruiné et minable d'un pays qu'on aurait abandonné depuis longtemps.

Par des chemins impossibles, trébuchant sur des débris de toutes sortes où brille principalement la boîte de conserves, nous allons monter dans la ville haute. Ah! que ce nom est pompeux pour ce que l'on aperçoit ; c'est là qu'on a construit le gouvernement, les casernes, la gendarmerie, les quelques cases où l'on habite. Un peu de commerce s'y est installé comme en bas, des magasins chinois, indiens et français.

Sur ce plateau, l'air est plus vif, plus sain et nous arrive plus directement qu'en bas : on y a constaté une grande différence au point de vue sanitaire, c'est pourquoi l'on a déserté la ville basse pour s'installer sur la hauteur.

Après avoir grimpé par des sentiers de chèvres, nous arrivons enfin sur le plateau : c'est immense, vide et désolé ; seule, la vue de la mer, de la rade, est belle et repose nos yeux fatigués de ce vent incessant qui souffle comme un jour de grande tempête, emportant avec lui des tourbillons de poussière rouge qui nous aveuglent ; et il paraît que ce sera ainsi pendant toute la saison sèche, c'est-à-dire jusqu'au mois de novembre, où les vents tombent pour faire place à la saison pluvieuse, humide et chaude qui dure, elle, jusqu'au mois de mai !

CHEZ NOUS

23 juin.

At home, oh! le joli mot, le bon mot qui vous met de la joie au cœur et vous ragaillardit. Nous venons de passer un mois dans la maison destinée au chef de bataillon et qui dépend des bâtiments militaires. Elle était libre, on nous l'a prêtée, car nous n'avions pas où aller. Et maintenant nous sommes en possession de notre maison qu'on vient de nous construire, d'une *case* pour mieux parler le langage colonial.

C'est une maisonnette en bois, peinte en rose avec des volets verts, une vraie bergerie de treize sous. Elle se compose d'abord d'une grande véranda ayant vue sur la mer, car il faut dire que nous sommes perchés tout à fait sur la hauteur; nous dominons la rade et les montagnes qui l'entourent; la passe est à notre droite, et pas un bateau ne peut entrer sans passer sous nos yeux, c'est bien la situation la plus agréable à tous les points de vue.

Ensuite une pièce que j'ose à peine décorer du nom de salon, puis la salle à manger, un cabinet de toilette et une chambre, — la chambre, le dortoir de la famille. Nous travaillons bien pour l'orner, l'embellir, la pauvre petite case.

Il nous faut tout utiliser, et faire une vraie concurrence à Robinson Crusoé. Il n'y a ici aucune ressource, pas un meuble; chacun en fabrique comme il peut. Ainsi, chez nous, la caisse à piano est devenue une superbe cage à poules; les autres caisses ont été transformées en armoires, mises debout et montées sur quatre petits pieds, le couvercle devenant la porte.

Tous nos meubles seront à peu près dans le même goût : nos chaises de bord, recouvertes d'étoffes et de petits coussins, ont déjà pris un air confortable, un canapé bas se composant d'un matelas posé sur des caisses et drapé de rabanes invite à la sieste, une table démontable, des étagères fabriquées par nous pour ranger nos livres, quelques bibelots, des photographies, des cartes de Madagascar pendues au mur, le piano savourant d'un air fier la place d'honneur : voilà tout l'ameublement de notre salon.

Il ne nous semble vraiment pas mal à nous qui avons tant travaillé pour arriver à ce médiocre résultat ; mais vous, si vous pouviez le voir, il vous ferait sourire de pitié.

C'est qu'ici, nous ne sommes pas gâtés : tout le monde n'a pas le courage de lutter pour l'installation, mais, chez nous, je dois le dire, on a combattu bravement... Aussi, du matin au soir, on cloue, on tape, on drape, pour tâcher de donner à tout cela un petit air habitable, quelque chose de soi, qui fait qu'on aime à rester dans sa maison, qu'on s'y plait mieux que chez les autres, et, comme aux colonies on y passe la plus grande partie de la journée, il importe que le nid soit doux à ceux qui l'habitent.

Nous faisons des recherches chez nos marchands indiens pour y trouver des rabanes, nattes ou tissus de l'endroit. L'indigène ne travaille que pour lui, c'est-à-dire n'est occupé que de sa vie matérielle : vanner le riz, le piler, le cuire, le manger, constitue tout l'emploi de sa journée ; à part cela, il ne faut rien lui demander. Tous les produits vendus ici arrivent des autres points de l'île, ou surtout des pays environnants ; on trouve quelquefois, mais rarement, des soies et des bijoux indiens, apportés par des bateaux qu'on appelle des *boutres*. Ces bateaux, dont tout l'arrière est sculpté à la façon des vieux vaisseaux du XVIIe siècle, sont très curieux et de formes bizarres ; ils ne viennent ici qu'en janvier, époque à laquelle les vents de la mousson leur sont favorables.

Quant à notre vent à nous, il continue toujours de souffler sans se lasser jamais, nous enveloppant de sa poussière rouge, qui pénètre partout, dans les livres, dans les caisses, tout le linge devient rouge, les parquets aussi ; les enfants prennent des teintes de petites briques.

Ai-je besoin de vous dire qu'on ne fait ici aucune toilette : on est d'une simplicité délicieuse qui repose des jupes cloches et des manches ballons ; seulement, on se recoiffe dix fois par jour, car le vent arrache chapeaux et coiffures. Nous ne quittons pas nos casques : cela manque tant soit peu d'élégance mais abrite sûrement du soleil ; j'ai fait à ceux des enfants des coiffes blanches comme celles des matelots et un ruban de bateau par-dessus ; mais, moi, j'ai tout à fait l'air des Anglaises de Jules Verne à la recherche des pays inconnus.

Juillet.

Toujours le grand soleil qui brûle, toujours le vent qui souffle ; la vie a pris son cours habituel; on est presque fait à ce petit pays étrange qui, en somme, a plus de bons côtés que de mauvais ; et puis on a tant à faire, les jours sont si remplis que le temps passe, après tout, aussi vite qu'en France. On se lève de bonne heure; toute la matinée chacun travaille de son côté ; on se retrouve à déjeuner; ensuite c'est l'heure de la sieste : le soleil étant considéré comme dangereux, les casernes sont consignées aux heures chaudes et la vie s'interrompt pendant trois heures.

L'heure de la sieste est donc mon heure à moi, un temps de récréation dont je fais ce que je veux, car je n'ai jamais pu m'habituer à dormir dans la journée ; j'en profite généralement pour lire ou écrire.

A 5 heures, nous prenons notre thé, tous les jours, avec quelques fidèles amis, camarades de voyage et d'exil. Ah ! je vous vois d'ici souriant et vous moquant : « Comment, même à Diégo, aux pays chauds, il faut prendre son thé, une boisson chaude ! quand on pourrait boire quelque chose de bien frais. »

Eh bien ! oui, vous ne sauriez croire quelle bonne et douce chose que ce thé de 5 heures, d'abord beaucoup plus sain et rafraîchissant que n'importe quel affreux sirop ; puis c'est une occasion de se réunir, une petite distraction, un souvenir des hivers de France.

Je me souviens surtout de celui de Rochefort, de cet hiver de 1890 qui fut si rigoureux ; je vois encore ma sœur et moi à la maison, après une rude journée de travail ; on préparait le thé soi-même dans la grande chambre, devant le feu gai et pétillant des sarments de vigne que les enfants appelaient des queues de singes ; c'était un repos forcé et longtemps, longtemps, la bouillotte ronronnait doucement avant qu'on se décidât à la prendre et à verser l'eau dans la théière.

Tout en travaillant et en causant, on s'interrompait de temps à autre pour guetter la marchande de biscuits de matelots ; elle aussi nous guettait, s'arrêtant sous la fenêtre, car nous étions pour elle *de la bonne pratique,* comme elle disait ; de très loin nous entendions son cri geignard et plaintif et, quand elle passait là, juste sous notre fenêtre, on s'élançait avec quatre sous, de quoi en acheter pour cinq ou six personnes ; si, dans l'escalier ou à la cuisine, nous ne trouvions pas de domestiques, j'allais moi-même dans la rue, sans souci des passants avec mon esprit bohême, et la pauvre vieille était contente quand c'était moi qui venais : « Ah ! vous v'là, ma bonne dame ; y sont bien chauds aujourd'hui et bons ! allez ! » Et elle sortait du fond de sa petite voiture deux larges biscuits carrés qu'elle démaillottait avec un soin tout particulier d'une vieille couverture verte ; elle était si fière de vendre ses biscuits de pauvres gens à des *dames !*

Je remontais vite, un peu gelée, et de nouveau nous écoutions, cette fois, si l'on entendait le trot d'un cheval sur les gros pavés de la rue Saint-Jacques ; quelquefois Pierre arrivait si vivement que quand je faisais mon petit signe d'amitié à travers le carreau, il était déjà descendu de cheval. Alors, vite, nous lâchions tout : les ouvrages abandonnés sur nos fauteuils, on faisait le thé à la hâte, on se précipitait sur les biscuits ; les ouvrir en deux, les faire griller, mettre le beurre et refermer le tout, c'était l'ouvrage de cinq minutes ; et lui, rentrant gaiement, nous apportait comme une bouffée d'air froid plein lui ; il ôtait sa capote, sa pèlerine tout imprégnées d'humidité, et je sentais qu'il était content de s'asseoir auprès du feu, tisonnant les bûches, heureux de retrouver au logis quelqu'un pour l'attendre et le fêter !...

... Ah ! pauvres petits souvenirs de France, que vous êtes loin déjà... Que le pays aussi est loin !... c'était les petits bonheurs, ça, comme nous disions : les *vrais* ceux-là ; les gros sont si rares ! !... mais les petits il y en a tout le long de la route et il n'y a qu'à se baisser pour les ramasser ; seulement,... on ne les voit pas toujours.

LA RATION D'EAU

Juillet.

Le vent est à l'état de tempête aujourd'hui. Nous avons même eu un peu de pluie ce matin, ce qui prouve que la saison sèche n'est pas encore bien établie ; installée sous la véranda, je lutte contre les rafales qui m'emportent tour à tour mon papier, mon buvard ou mon casque ; mais le vent me connaît, nous sommes de très vieux amis et il ne m'effraie pas.

La mer, que je contemple tout le jour, est la seule chose qui nous fasse supporter le pays. Ici, sous cette véranda, qui est notre endroit favori, nous croyons être encore en mer ; on s'y promène de long en large, tout à fait comme sur le pont ; et, le soir, quand la brise est un peu tombée, nous y passons de bonnes soirées : ces nuits des tropiques sont si belles, si pures ; le ciel est d'un bleu intense et les étoiles s'y détachent comme de gros clous de diamant.

En face de nous, de l'autre côté de la rade, est le cap Diégo : c'est là que sont relégués les disciplinaires, l'hôpital, toute une petite colonie pour qui Antsirane (l'endroit que nous habitons) est la capitale, la grande ville.

Des chaloupes, chaque jour, font un service régulier ; avant-hier, nous sommes allés au cap, invités par le capitaine des disciplinaires qui nous a fait les honneurs de l'endroit et nous a menés visiter des grottes très curieuses.

L'endroit où nous allons débarquer forme comme une petite anse; les enfants constatent avec joie que le sable y est blanc, ce qui est en effet très rare aux colonies ; nous arrivons trempés, mouillés d'eau salée : les soubresauts fous de notre chaloupe cessent dès qu'on a stoppé, le vent de même, et nous restons saisis, stupéfaits devant ce calme et ce silence immédiats.

C'est que nous voilà complètement à l'abri ; notre chaloupe a l'air d'une coquille de noix frôlant les murs immenses de cette sorte de falaise formée par le cap, qui prend des airs imposants et gigantesques avec ses lianes et ses arbres étranges, sortant de la pierre même pour se baigner dans la mer.

C'est sur cette hauteur et tout à fait à pic qu'est construite la case du capitaine ; toute cette partie de Diégo est beaucoup moins triste et misérable que la nôtre ; il y a un peu de verdure et quelques arbres ; même pour arriver à cette maison, nous gravissons une espèce de jardin qui fait des détours singuliers, monte et redescend avec de petites allées en miniature ; on ne sait trop si c'est joli, curieux ou étrange ; on a déjà vu cela quelque part... est-ce dans une description de conte, de légende ou dans un rêve ?

Toute cette partie nord de Madagascar est assez montagneuse. Le plateau où nous habitons est desséché par le vent ; mais il y a un peu de verdure dans les quelques ravins formés par les montagnes ; on les choisit généralement pour en faire des jardins potagers, à cause des petites sources qui s'y rencontrent. C'est dans le plus voisin qu'est le jardin de la troupe, but fréquent de nos promenades du soir.

Ces quelques arbres, cette rare verdure reposent les yeux et font plaisir à voir ! Eh ! oui, quand nous voulons contempler un peu de feuillage pour nous changer de ce terrain rouge et de cette poussière aveuglante, c'est devant les salades et l'oseille des troupiers que nous venons nous asseoir mélancoliquement.

Nous traversons de longues, longues plaines pour y arriver ; il y a peu d'arbres coloniaux, pas de cocotiers, très peu de bananiers (il faut les planter et encore dans les ravins), aussi l'aspect de la campagne prend-il parfois celui de France. On y voit de beaux troupeaux de bœufs, portant sur le dos une bosse énorme et, sur la tête, des cornes gigantesques. Tout le terrain est souvent couvert de grandes herbes jaunes que les enfants prennent pour du blé et d'où l'on voit sortir quelquefois de toutes petites cailles, comme dans les champs de France.

Notre installation est à peu près terminée maintenant ; mais le plus difficile est de se garantir des insectes, cancrelats, souris, fourmis ; ces dernières surtout sont tenaces et malignes. N'importe où vous laissez quelques miettes de sucre ou de pain, elles arrivent par longues traînées noires, sans fin, et vous ne pouvez plus vous en débarrasser.

Il vous faut employer de petits trucs qui ne contribuent pas du tout à l'élégance de la maison ; ainsi, vous mettez carrément les pieds des tables et des lits dans des boîtes en fer-blanc remplies d'eau, afin d'isoler les pieds; mais l'intelligence des fourmis étant de beaucoup supérieure à la nôtre, elles trouvent le moyen de s'organiser de petits ponts et de grimper ainsi le long des pieds.

Quant à l'eau, la grosse question du pays, elle est ainsi réglée : deux fois par jour, matin et soir, un nègre apporte de la caserne, sur une brouette, un petit tonneau d'eau qui doit servir à notre consommation. Quelquefois, entre les deux voyages, l'eau vient à manquer ; il faut se résigner et attendre la seconde distribution : souvent, celle-ci est oubliée; c'est alors que, de désespoir, on dépêche à la caserne quelqu'un pour réclamer ce qui nous est dû.

Le matin, c'est moi qui assiste à la distribution; ce serait une liqueur des plus rares que je ne le ferais pas avec plus de vigilance. D'abord l'eau de la cuisine, puis celle de la maison, de la salle à manger; des jarres immenses, en terre rouge, ornées de dessins indiens, de toutes les formes et de toutes les grandeurs, sont destinées à recevoir le précieux liquide; je sais ce que doit contenir le tonneau et à combien de récipients j'ai droit.

Quelquefois, il en manque un ou deux; alors on se lamente, on se désole; le noir, d'un air navré, est obligé d'avouer qu'il en a un peu perdu en route ou qu'il a un peu trop roulé son baril avant de le charger.

Les gens qui habitent le pays, commerçants ou autres, sont forcés d'avoir un bœuf porteur qu'on charge de deux petits barils et un boto-rano[1]; aussi ont-ils de l'eau à discrétion et invitent-ils leurs amis à prendre une douche comme on invite à dîner en ville.

Les années où les pluies ont été abondantes, on peut s'approvisionner aux deux fontaines malgaches; mais, dans les années de sécheresse, on va quelquefois très loin, jusqu'à la rivière des caïmans, quand on n'est pas obligé d'apporter l'eau du cap Diégo au moyen de chalands.

---

1. *Boy* pour l'eau.

UN CIMETIÈRE DANS LE SABLE

Il était plus triste qu'un autre ce cimetière de Diégo, enfoui dans le sable, presque sur la plage et, de l'autre côté, perdu dans un champ, un grand champ triste et désert, avec de hautes herbes, toujours couchées par la brise.

Et nous pensions qu'à la longue les tombes finiraient bien par se découvrir, car le sable s'envolait toujours avec ce vent terrible, le grand vent qui soufflait presque toute l'année. Il n'y avait pas de fleurs, pas d'arbres, pas de couronnes, — le vent eût tout enlevé, tout arraché, — et quand nous passions par là, ce qui nous arrivait souvent, lorsque nous longions le bord de la mer, sur ces plages immenses, qui se continuaient très loin à l'infini, nous avions toujours comme un serrement de cœur en frôlant le petit cimetière, à notre rentrée, presque à la nuit.

Elles étaient toutes pareilles, ces tombes : des noms simplement écrits sur la pierre et que le temps effaçait très vite ; à peine une croix faite grossièrement.

Celles des Indiens différaient des nôtres ; ressemblant à des tombeaux anciens, elles étaient tout en pierres, d'énormes blocs scellés fortement, auxquels on ne pourrait plus toucher.

Point de Hovas, naturellement, puisque ceux-ci ont le culte des morts poussé à un tel point qu'ils ne se séparent jamais des leurs, les emportant toujours dans les pays où ils vont. C'est surtout pour les ancêtres, pour les parents morts qu'on tisse ces belles étoffes de soie blanche ou de couleurs, le dernier vêtement, le lamba dans lequel on les enveloppe.

Quelquefois, quand la mer était forte, ou bien aux grandes marées, l'eau montait jusqu'au cimetière, balayant un peu les tombes, creusant, ravinant la terre tout autour, emportant comme une méchante les semblants de fleurs qu'on avait essayé de planter.

Et je me disais pour me consoler de l'abandon de ce cimetière, de son aspect si affreusement dénudé : qu'est-ce après tout que ces très petites choses : un cimetière fleuri ou non, des croix de fer dorées, des couronnes de perles ?

En effet, que faisaient à ces morts, dont le cœur et la pensée n'étaient plus là, d'être plus ou moins ornés, d'avoir de belles tombes ou des pierres seulement, à présent que l'esprit était ailleurs, oui, leur esprit.... grand Dieu!!... où était-il?...

. . . .

Où donc se trouve ce lieu de repos ou de misère vers lequel nous devons tous aller?. . . . .

Qui sait si ces étoiles, brillantes comme des soleils, les plus belles, les plus grandes, ne sont pas les demeures des élus?...

Ou bien nos esprits restent-ils encore sur la terre?

Alors ils vivent peut-être avec nous, ceux que nous croyons partis? Et je me demandais si vraiment la nuit, sur ces grandes plages désertes, devant cet horizon immense, les esprits de tous ces pauvres gens ne s'en venaient pas planer sur la mer..... comme des oiseaux perdus. . . . .

. . . .

UN GÉNÉRAL A DIÉGO-SUAREZ

Juillet.

Le général inspecteur est de passage ici pour quelques jours ; nous voilà de nouveau plongés dans les occupations militaires. Cette nuit, toutes les troupes étaient sur pied pour un grand branle-bas de combat qui avait lieu dans les environs. A trois heures du matin, Pierre partait plein d'entrain pour son expédition, d'une main conduisant sa mule et de l'autre s'éclairant avec son fanal, car il faisait nuit noire.

A sept heures et demie, les enfants et moi sommes allés au-devant de la troupe ; nous nous étions donné rendez-vous avec Mme B... et sa petite fille, étant, à nous deux, les seules femmes de militaires.

Nous avons remonté tout le plateau qui compose la ville haute, pris à travers la plaine et, après avoir longtemps marché, nous apercevions enfin le gros de la troupe qui donnait l'assaut en escaladant une montagne. On voyait à peine les hommes, enveloppés qu'ils étaient dans un long nuage de poussière; mais les cris d'excitation et d'enthousiasme qu'ils poussaient nous arrivaient si distinctement que j'avais froid au cœur en les entendant!... Nous sommes si près, grand Dieu! de la réalité, que cela vous glace en y songeant.

Puis il nous a fallu attendre encore assez longtemps, car les enfants voulaient à tout prix voir passer les soldats, reconnaître leur père, faire un petit signe aux ordonnances et marcher derrière cette troupe comme de vrais hommes.

Ils finissent enfin par arriver, couverts de poussière, méconnaissables; leurs vêtements n'ont plus de couleur; toutes ces pauvres figures, couvertes de sueur, sont rougies par cette maudite poussière. On traîne bien un peu la patte, mais pas un homme n'a l'air découragé ni effrayé par cet avenir si prochain d'une vraie guerre qui m'épouvante, moi, rien que d'y songer. Les canons roulent avec peine dans ce mauvais terrain, mais arrivent quand même.

Le général passe presque en dernier: un général à Diégo-Suarez!... c'est un événement, et les petits, émus, enlèvent leur casque avec respect; lui, très surpris de rencontrer des femmes dans ces plaines de Madagascar, à la veille de cette campagne, demande nos noms à un officier ; on les lui dit et, en passant tout près de nous, il salue et nous regarde encore d'un air étonné. Tout à fait en arrière arrive la voiture de l'ambulance, un pauvre vieux petit break qui n'a plus de forme ; elle est vide, du reste ; le docteur, qui trotte à côté, fait signe aux enfants et à nous : « Allons, les traînards, montez ! » et vrai, on ne se le fait pas répéter deux fois.

En route, nous croisons quelques noirs, hovas ou autres, un peu effrayés de ce déploiement d'hommes et d'officiers.

Avant d'arriver aux casernes, nous descendons pour ne pas donner le mauvais exemple.

FAUSSE ALERTE

Hier, un petit événement de guerre est venu rompre un instant la monotonie de notre existence. Des gendarmes ont amené ici, par ordre du gouverneur, 8 prisonniers hovas, que l'on avait trouvés armés sur notre territoire ; c'est de Mahatinzo (poste des Sakalaves commandé par nos officiers) que l'on avait eu vent de la chose.

Hier soir, le poste télégraphiait que les Hovas faisaient une distribution de fusils aux indigènes et paraissaient vouloir attaquer ; ici l'alerte a été donnée ; on était prêt à les recevoir mais, grâce à Dieu, l'ennemi n'a pas bougé et tout me paraît maintenant rentré dans l'ordre, à part les prisonniers qui, eux, ne sont pas du tout rentrés chez eux.

A la suite de cette fausse alerte, la proclamation suivante a été affichée sous le Tamarinier (seul arbre du pays).

Le gouverneur de Diégo-Suarez et dépendances.

Les Hovas ont envahi le territoire de la colonie !.. Il n'est pas sûr que ce soit un commencement d'hostilités ; mais les nouvelles de Tananarive font craindre une tension telle dans nos relations politiques avec le gouvernement d'Imérina, que nous avons à redouter une période de trouble où la sécurité de la ville serait menacée par les pillards et les incendiaires. Dans ces conditions, la police locale serait insuffisante. L'administration fait appel aux volontaires pour seconder la police en prévenant les incendies et les pillages à main armée.

Les engagements seront reçus à la Direction de l'Intérieur.

La police volontaire sera tout à fait distincte de la police locale, elle sera directement sous les ordres du secrétaire général. Une décision fixera l'organisation de la police volontaire.

Antsirane, le 2 juillet 1894.

UN BAL A DIÉGO

14 juillet.

Grande surexcitation dans la ville ; les dames blanches et noires essayent leurs robes (et quelles robes !), font bouffer leurs manches, frisent leurs cheveux, en un mot se préparent au bal du soir.

Un bal de 14 juillet au gouvernement de Diégo-Suarez, populations mélangées, vaut vraiment la peine d'être vu. Dans la journée, j'ai fait sortir des malles la grande tenue réglementaire et une robe de dentelle noire qui ne s'attendait pas à pareil honneur, une de ces robes qui vont partout, sans mode et sans époque, et qui pourraient presque écrire leurs mémoires, ayant déjà pas mal couru le monde.

A 9 heures, nous sommes parés et partons pour le grand bal ; personne n'est en retard, je vous prie de le croire, chacun comptant profiter à cœur joie de cette heure de plaisir qui ne revient qu'une fois par an. Déjà les banquettes sont garnies, les éventails s'agitent et les danses commencent.

Tous les gens de bonne volonté, jouant d'un instrument quelconque, ont été réquisitionnés pour former l'orchestre; c'est une musique à devenir chèvre. Ils sont là cinq ou six, raclant du violon, soufflant avec entrain dans une clarinette ou jouant de la flûte. Un gros mulâtre, qui les dirige, s'arrête souvent entre deux mesures pour s'éponger ou boire un verre, disant d'un air gaillard aux autres musiciens ahuris : « Allez donc toujours; je vais bien vous rattraper. » Ai-je besoin d'ajouter qu'on ne se rattrape jamais ? Mais les couples heureux des danseurs tourbillonnent, quand même, sans souci de la mesure ni des musiciens.

La salle de jeu n'est, hélas! que trop bien garnie. Le buffet ne désemplit pas, les pyramides de petits choux à la crème fabriqués par Baha-Moucha, le cuisinier du gouverneur, ont un vrai succès.

Du reste, ces petits gâteaux m'avaient été annoncés dans la journée par mon cuisinier malgache, qui était allé, dans l'après-midi, rôder du côté du gouvernement sous le prétexte de donner un coup de main à son confrère.

Il était revenu très frappé de tout ce qu'il avait vu en boissons et en victuailles, la figure illuminée, faisant claquer sa langue d'un air d'envie ; il m'avait tout de suite fait la description de ces petites tartelettes que lui et Baha-Moucha venaient justement de bourrer avec leurs doigts.

Entre les danses, on passe des rafraîchissements : bière et limonades ; le premier plateau est suivi d'un second chargé de gros morceaux de glace et porté par une négresse d'une taille fantastique que je reconnais pour être la servante d'une dame de l'endroit ; de temps en temps, un consommateur maladroit laisse tomber un morceau de glace qui roule sur le parquet ; mais la tranquille négresse, de ses grandes pattes crochues de singe, le replace doucement avec les autres.

Le bal bat son plein. Les cheveux plats, frisés pour la circonstance, tombent en mèches le long des joues, mais ceux frisés par la nature s'échappent joyeusement du chignon récalcitrant, et la poudre de riz tombe tristement de tous ces visages noirs.

La seule jolie note au milieu de ces excentricités coloniales est donnée par les uniformes de la garnison et des bateaux en rade. Le *Lynx*, arrivé dans la journée, a débarqué sa joyeuse bande pour la fête de ce soir; mais qui est étonné, pétrifié, en entrant dans ce gouvernement? Ce sont les enseignes d'une même promotion qui reconnaissent dans le gouverneur leur ancien professeur d'histoire à Navale; ils ne peuvent en croire leurs yeux et cette reconnaissance fait leur bonheur.

Dans un coin du salon, assis bien sagement les uns près des autres, nous apercevons, pour la première fois seulement, trois jeunes princes noirs, en habits de gala, venus on ne sait d'où et regardant avec admiration ces couples agités qui tourbillonnent devant eux. Ils sont beaux comme de magnifiques bibelots de bronze, lourds et massifs comme des objets de prix qu'on aurait placés là tout exprès pour orner la fête.

La nuit s'avance; 2 et 3 heures arrivent vite; nos yeux, fatigués de ces choses étranges et burlesques, aspirent au calme et au repos; c'est avec délices que nous quittons cette agitation pour retrouver le calme et la fraîcheur de la nuit.

UN PIQUE-NIQUE A LA MONTAGNE
DES FRANÇAIS

21 juillet.

Depuis plusieurs jours, nous sommes un peu sortis de notre coquille et nous avons fait plusieurs excursions, voulant profiter du peu de liberté qui nous reste et voir le pays environnant qui sera sûrement plus beau que celui de Diégo.

D'un jour à l'autre la guerre peut éclater, l'état de siège arriver et nous serons pris, traqués comme des oiseaux, sans pouvoir quitter la limite de notre petit territoire ; il faut donc sortir auparavant et nous le faisons joyeusement, sans souci des inquiétudes et du danger de demain. « A chaque jour suffit sa peine. »

Avant-hier donc, excursion à la montagne des Français... ces Messieurs à mulet et à cheval, nous, femmes, en filanzane.

Le filanzane ou fitaçon est une espèce de petite chaise à porteurs, dont le siège est en toile, suspendu à deux brancards assez longs, portés sur les épaules par deux hommes devant et deux hommes derrière. Les Hovas pratiquent beaucoup ce genre de locomotion et sont de très bons porteurs, mais encore doit-on les choisir, car il faut une certaine habitude.

On les appelle des bourjanes ; ils peuvent marcher très longtemps sans se fatiguer et en se nourrissant fort peu. Ils sont obligés de changer d'épaule à peu près toutes les deux minutes ; celui des quatre qui dirige les autres donne un petit signal et les quatre hommes en même temps font le changement sans que vous sentiez quoi que ce soit, du moins si vous avez de bons porteurs. A 7 heures du matin, la température étant encore bonne et fraîche, le vent pas encore déchaîné, nous nous mettons en route ; mais les provisions et surtout la manière de les emporter nous mettent en retard.

Le bœuf porteur auquel est confié ce soin se montre très récalcitrant : il redevient tout à fait sauvage ; le noir chargé de le conduire le tire péniblement par la corde et n'a pas l'air rassuré du tout ; il nous suit pourtant tant bien que mal.

Nous traversons tout le plateau et marchons longtemps avant de le quitter ; de temps en temps nos bourjanes prennent leur essor et, sur un signal, partent au grand galop : nous fendons l'air, enlevées comme sur les ailes d'un papillon ; aucune secousse, aucune fatigue : c'est délicieux, décidément, ce moyen de locomotion. Nous allons quitter la hauteur pour traverser d'autres plaines, mais auparavant il faut descendre une sorte de montagne très à pic, couvertes de grosses roches ; je suis effrayée de ce chemin, nous passerons sûrement par-dessus la tête de nos hommes.

On s'assure d'abord, avant d'opérer la descente, si le bœuf (*béfe,* comme disent les noirs) est toujours là ; mais ô douleur ! il n'y a plus personne ; de très loin son guide nous fait des signes désespérés, il a lâché la corde ; décidément l'animal ne veut pas aller à la montagne des Français : son cœur de bœuf hova s'y refuse. Ces Messieurs piquent un temps de galop et vont à sa poursuite et les voilà dans ce champ, à perte de vue, jouant au picador et au taureau récalcitrant.

Affolé et n'en pouvant plus, *béfe* consent à revenir ; d'un coup d'œil, il sonde la descente à pic et nous préparant un tour de sa façon, il bondit comme un fou, arrive en bas en une seconde, fait sauter toutes les provisions par terre et se roule dessus avec ivresse. Nous le suivons des yeux, poussant des cris désespérés, contemplant notre déjeuner exposé aux plus grands dangers ; si bien que nous en oublions les nôtres.

Les mulets et même le cheval descendent sans la moindre objection, avec une adresse et une habileté surprenantes ; nos hommes, grâce à leurs pieds nus, s'agrippent à ces énormes roches et nous nous contentons de nous maintenir bien en arrière, car, par instant, nos filanzanes prennent une position verticale. Aussitôt descendus, nous ramassons les provisions et constatons le désastre : une partie des bouteilles est cassée, la salade russe baigne dans le café, le saladier est en morceaux : le tout à l'avenant ; on ramasse tout cela tant bien que mal et on recharge *béfe* qui est charmant jusqu'à l'arrivée.

Après cette descente mouvementée, nous traversons une grande plaine au niveau de la mer qui forme là comme une petite anse. Cette plaine est plutôt un marais; nos hommes enfoncent dans l'eau et nous sommes au milieu des roseaux; de temps en temps un joli vol d'aigrettes passe au-dessus de nos têtes; nous quittons ce terrain plat et nous recommençons à monter.

Voilà la montagne des Français! Nous avançons encore un peu et nous apercevons le petit bois qui s'abrite contre la montagne, très haute à cet endroit et à pic comme une falaise; des arbres, du feuillage, le vent qu'on ne sent plus, tout cela est pour nous une exquise sensation et vaut bien nos cinq heures de route.

Tout le monde met pied à terre; ces Messieurs, tenant les mulets par la bride, passent les premiers pour nous faire un chemin et nous entrons sous bois; nous en ressortons au bout d'un instant pour nous trouver dans une grande clairière abritée de tous côtés et cultivée par deux colons auxquels nous confions pour les soigner nos porteurs et nos mulets.

A l'entrée du bois, près d'un joli ruisseau, nous découvrons dans cette sorte de falaise une petite grotte très fraîche où nous allons manger de bon appétit les restes de notre pauvre déjeuner, arrosé de vin mousseux — le champagne des colonies.

A 3 heures, on se remet en route; on fait deux ou trois haltes pour reposer hommes et bêtes, et, à 7 heures, nous sommes rentrés chez nous, très satisfaits de notre exploration.

LA « CORRÈZE »

Août.

Dimanche déjeuner à bord de la *Corrèze* ; c'est un énorme et beau bateau de la jolie marine du temps passé et, comme me répondait le patron de la baleinière qui nous conduisait, quand je lui demandai s'il repartirait : « Hélas ! non, Madame, je l'avons amené là à sa *dernière demeure;* il est pourtant beau !... on n'en fait plus d'comme ça !... »

Puis il le regarda d'un air si triste, si malheureux, que je crus de mon devoir de rompre toute étiquette et de dire à ce vieux loup de mer, un mot de sympathie et de condoléance sur ce bateau qu'il aimait tant.

Semblable à un gros papillon qui a fini son vol, la *Corrèze* repose pour toujours dans les eaux de l'Océan Indien ; on lui a arraché ses ailes, ses antennes ; toute sa jolie voilure, sa mâture, ses agrès ont été enlevés, et pourtant elle a encore grand air, la pauvre vieille frégate !

Elle restera là jusqu'à son dernier soupir, gardienne fidèle de cette rade maussade et triste, qui donnera chaque année asile aux nouveaux bateaux, eux les jeunes, avec leurs formes extravagantes, leur carapace de fer, les canons dans les mâts, enfin tout ce qui leur donne l'air de forts ambulants, de monstres marins.

Et les matelots, de la même génération que leur bateau, des jeunes aussi ceux-là, riront en côtoyant dans cette rade ce vieux vaisseau d'une autre époque réduit à l'état de simple ponton et servant d'hôpital aux marins malades : pauvres diables ! qui viendront peut-être un jour mourir sur cette épave qui, elle aussi, a fini de vivre.

LE ROI DES ANTANKARES

Août.

Il y a une quinzaine est arrivé à Antsirane le roi des Antankares et toute sa suite ; il est venu à petites journées pour rendre sa visite au gouverneur et saluer les Français ses amis, ainsi qu'il a coutume de le faire chaque année à l'occasion du 14 juillet.

Mais, cruelle déception, on a dû lui apprendre la triste nouvelle venue de France : l'assassinat du pauvre président Carnot ; ainsi donc pas de lampions, de pétards, ni de drapeaux ; c'est triste pour des gens qui venaient de si loin, espérant une petite distraction, pour rompre la monotonie de leur vie !... Trois jours de repos seulement et le retour au pays de ce beau roi noir, porté triomphalement dans son filanzane et suivi de ses ministres, de ses parents et de ses femmes.

Dans la journée de leur arrivée, ma voisine,

Mme C..., me fait prévenir que le roi Tsialam et sa suite viendront dîner chez elle le soir, qu'on nous attend, que la chose en vaut la peine. En effet, nous nous rendons à l'invitation, et là on nous explique que M. C... est frère de sang du roi des Antankares.

Cet usage, assez répandu à Madagascar, est comme une alliance, un lien d'amitié qui consiste, après une grande cérémonie, à échanger chacun une goutte de sang, après quoi on se doit l'un à l'autre les droits de la fraternité la plus stricte et l'hospitalité dans toutes ses règles.

On fait cela à cause des relations commerciales. Les gens qui font du commerce d'importation comme M. C... et entreprennent de longs voyages par terre, s'assurent ainsi la sécurité de circulation dans le pays, le vivre et le couvert, certains droits de pêche sur les côtes et des porteurs pour les filanzanes, ce qui est encore le plus précieux.

L'hospitalité de Tsialam va jusqu'à installer dans la case du voyageur des jeunes femmes malgaches, destinées à charmer ses loisirs et sa solitude ; le voyageur, généralement éreinté et n'en pouvant plus, met tout le monde à la porte, ce qui faisait dire au premier ministre du roi : « Ah !

comme vous l'est du drôle de monde !!... le roi, li donne à vous des femmes et vous la pas toucher, drôle ça ! les Français. »

Toute la maison est en branle pour les recevoir. Ce n'est pas qu'il soient très difficiles ; non ! mais ils sont nombreux et musulmans et, comme ils sont toujours assez strictes en matière de religion, il ne faut pas assaisonner les aliments avec de la graisse, leur offrir quoi que ce soit qui ressemble à du porc, et ne leur faire boire aucun alcool : ils n'acceptent que du vin et de la limonade.

Quant à la maison, qui est du reste très gentiment installée, ils la trouveront toujours plus jolie que leur case, car, au fond, tous ces roitelets du pays, malgré leur belle apparence, leurs airs superbes de grand seigneur, leurs vêtements princiers, leurs armes magnifiques, ne sont que de vrais sauvages et leurs demeures n'ont guère du palais que le nom.

Le roi et sa suite arrivent vers 7 heures ; après de solennelles présentations, on se met à table : c'est pour eux la seule chose importante. Les gens de la suite s'installent dans une antichambre, assis par terre ; on va leur envoyer des bouteilles de vin, quelques restes du dîner, beaucoup de riz ; avec cela ils seront enchantés.

Le roi, lui, fait honneur au dîner; il a réclamé dans le menu beaucoup « z'haricots rouges »; c'est son plat préféré et on lui en a donné. C'est un beau type d'Arabe portant bien son turban de satin vert, ayant grand air et taillé comme un hercule ; son frère est à sa droite, un beau gaillard aussi, mais l'air méchant et grognon ; il l'est en réalité ; c'est l'ennemi juré du roi : il a voulu dernièrement l'empoisonner pour régner à sa place ; aussi le pauvre Tsialam ne touche-t-il à quelque chose qu'après que son frère en a mangé.

A sa gauche ce sont ses fils, deux beaux jeunes gens avec des mines bien éveillées, montrant leurs dents blanches à tout propos et plaçant avec joie leurs quelques mots de français. Mais celui qui parle pour tous et traduit la pensée de chacun, c'est un vieil oncle de Tsialam, s'exprimant très bien en français. Celui-ci est charmant et c'est lui qui tient le dé de la conversation.

Tsialam, tout de suite, déverse son cœur chargé de fiel à l'égard de ses grands ennemis les Hovas ; il demande si l'on ne va pas bientôt faire la guerre, il l'espère, il caresse mille projets pour cela : « il enverra ses gens se battre avec nous; il recevra les Français chez lui, les traitera de son mieux, donnera beaucoup de bœufs », car c'est par là que se traduit la richesse dans le pays.

Il regarde Pierre, qui est en uniforme, très attentivement pour reconnaître un jour sa figure, dit-il, et le prie de le regarder aussi pour la même raison.

Afin de ne pas le chagriner, nous n'expliquons pas à Tsialam que, si la guerre se fait, ce ne sera sûrement pas dans le nord de Madagascar, c'est-à-dire dans son pays.

Au dessert, on apporte un magnifique poudding avec une sauce à part pour les invités de marque qui ne doivent pas toucher au rhum; pour nous, nous le faisons flamber, ce qui fait leur bonheur et leur admiration.

La fin du dîner arrive; le roi et son monde ont beaucoup mangé; ils tombent de sommeil, mais ils veulent encore boire et fumer; la bonne éducation leur fait complètement défaut et je suis obligée de gazer sur les dernières paroles de ce grand roi noir.

« Eh bien! dit le maître de la maison en se levant de table, Sa Majesté est-elle satisfaite?... »

Et le premier ministre répond : « Très content, lui la bien mangé, la fini plein ventre, veut aller coucher, mais demande que tu donnes à li encore bouteilles de vin pour li boire avant dormir. »

Toute la suite, qui boit, fume et crache à côté, se lève comme un seul homme et l'on rhabille ce monarque indolent qui sommeille déjà l'estomac un peu chargé, — nous craignons pour « z'haricots rouges ! » On lui remet ses sandales en bois d'ébène piquées de petits clous d'argent, son grand manteau de drap rouge brodé d'un liseré d'or, et on l'aide à s'asseoir pompeusement sur son filanzane ; toute la suite se met en route, les filanzanes des autres princes suivent celui du roi.

On allume leurs lanternes que des noirs portent en avant pour éclairer la route, il est déjà tard, il fait nuit noire ; seules quelques jolies étoiles éclairent le ciel sombre ; la Croix du Sud brille plus que les autres et nous regardons défiler, au milieu de ce grand calme de la nuit, ce petit cortège de rois mages que nous ne reverrons jamais.

LA SAINT-LOUIS A DIÉGO

25 août.

Une Saint-Louis très loin de France, que nous avons voulu fêter quand même ; une petite fête drôle, baroque, originale ; un dîner d'amis : marine, infanterie de marine ; aimables célibataires qui avaient dû commander depuis très longtemps ce pauvre bouquet de Saint-Louis dont la fleur principale est le souci et dont la verdure ressemble singulièrement à des feuilles de salade. C'est égal! il me plaît ainsi ce bouquet et me semble plus délicieux, plus joli que si l'on m'avait offert, dans mon pays, une gerbe de fleurs élégantes, portant l'étiquette d'un fleuriste à la mode ; on m'en donnera peut-être un jour de plus beaux que celui-là, composés de fleurs plus fines et plus rares, mais, jamais d'aussi précieux !!

Ceux qui n'ont pas de fleurs apportent quand même des petites choses très appréciables; ce sont des flacons de fruits au jus, cerises, prunes, abricots, entourés avec soin d'un beau papier blanc comme les fleuristes en mettent aux bouquets de cérémonie.

On a dressé, à la suite, toutes les tables de la maison sous la grande véranda, et c'est la mer et ce grand ciel tout plein d'étoiles qui forment le fond et le seul ornement de cette salle de festin.

Beaucoup de lanternes chinoises en papier vert, rouge et bleu, se balancent comme des folles, ayant l'air de rire de nous et de trouver fantasque ce *drôle* de repas dans ce *drôle* de pays. Leurs lumières étranges attirent très vite tous les insectes ailés de ce grand espace et les sauterelles, les cigales et les papillons de nuit viennent en foule, eux aussi, assister à nos ébats joyeux.

UN AMI

Août.

Nous entrons dans une période d'accalmie, ayant exploré à peu près tous les environs de Diégo; pour le moment, on se contente de faire de la musique et de tirer l'aiguille avec rage. Les vêtements apportés de France ont noblement gagné le repos; il faut les remplacer et se mettre à l'ouvrage, aimable couturière qui n'enverra jamais sa note!...

L'ami de bonne volonté, libre après les heures de travail, nous fait la lecture, et les ouvrières, charmées, oublient la longueur des ourlets.

Aujourd'hui, la séance se passe à notre case, mais de travail, point; au moment où nous nous installons, on vient nous dire que deux Indiens ambulants arrivent avec de gros ballots de marchandises et, vite, de les faire entrer dans le salon.

Nous voilà comme des enfants, déballant tout avec précipitation, assis par terre, au milieu de toutes ces choses, marchandant, débattant les prix dans un jargon mélangé de malgache, de français et d'anglais ; nous finissons par nous décider pour quelques soies indiennes, foulards et bibelots, qui nous feront bien rire et nous sembleront bien rococo quand nous les sortirons de nos malles en arrivant en France ; mais nous les garderons peut-être, qui sait ? car pour nous seules elles seront souvenir !...

Nous avons à peine fini nos achats, aspirant à une bonne tasse de thé pour étrenner de nouveaux gâteaux achetés chez les Chinois, quand on nous annonce que le sultan Saïd-Ali se dirige vers la maison avec sa suite.

Il est bon que je vous dise en deux mots l'histoire de ce nouvel ami.

Saïd-Ali, Arabe et de sang royal, sultan de la grande Comore, vivait paisiblement dans son petit royaume, il y a encore très peu de temps. A la suite d'un dissentiment avec le résident français, il fut envoyé en disgrâce à Diégo, où il est encore prisonnier avec une maigre suite, une seule femme, et réduit à une vraie misère.

Bien de sa personne, il a grand air comme tous ces Arabes, et portait aujourd'hui un grand manteau de drap blanc, soutaché d'or, revers de satin émeraude et grand turban de la même nuance, poignard arabe et sabre persan absolument splendides. Il parle bien français, a du reste voyagé, ayant été à la Mecque et en Turquie ; il est très correct, extrêmement bien élevé et, comme vous pensez, a trouvé tout de suite des amis parmi les officiers.

Le sultan a donc pris son thé avec nous et nos voisins l'ont invité à passer la soirée chez eux ; nous avons beaucoup insisté pour qu'il amenât avec lui la pauvre petite sultane prisonnière, qui partage aussi son exil ; il a promis, à la condition que nous serions entre nous et que nous ne le dirions pas ; ainsi vous ne le direz pas, n'est-ce pas ?... Mais je tombe de sommeil, mes yeux se ferment malgré moi, à demain la petite sultane...

. . . .

Eh bien ! en effet, elle est charmante cette petite sultane, tout intimidée et toute sauvage, se blottissant dans nos jupes et se cachant dans les coins ; elle est un peu comme un pauvre petit oiseau qu'on amènerait tout à coup à la grande lumière.

Elle finit par consentir à fumer un peu et à boire du café ; nous tâchons de l'amuser ; on joue du piano, on chante, nous leur faisons même danser une polka à nos sultans et, tout doucement, cette petite personne, qui tient surtout de la divinité égyptienne, se remet et s'apprivoise.

De temps en temps elle nous tend la main, accompagnée d'un bon petit sourire qui semble dire : « Je vous comprends, je vous remercie, mais ne sais comment vous payer de votre peine. »

Elle porte, comme costume : un pantalon de satin violet un peu serré aux jambes, une sorte de blouse sans manches en satin cerise, tombant jusqu'au genou, le tout très brodé, très chamarré, avec d'énormes bracelets aux pieds, d'autres plus petits aux bras, des bagues et de nombreux bijoux. Ses cheveux très noirs, lisses et fins, sont tressés en une masse de petites nattes, formant des dessins réguliers sur sa tête ; de côté est posée une jolie petite toque de satin brodé. Elle a des pieds d'enfant, minces et délicats, que supportent de petites sandales à talons, en bois très léger, et de jolies mains aux doigts longs et effilés ; légèrement tatouée, de petits dessins rouges aux ongles des pieds et des mains, un peu de noir aux yeux ; elle se drape presque entièrement dans un grand voile d'étoffe foncée, lamée d'or et d'argent, qu'elle consent à enlever devant nous.

A 11 heures, nous prenons tous ensemble le chemin de la maison ; nous n'avons pas nos lanternes ; aussi le sultan tient-il à nous accompagner. Sa suite, se composant de quelques noirs, nous précède, portant chacun un fanal pour éclairer le chemin, qui est mauvais.

Sur un signe de son maître, la petite sultane vient près de moi, s'accroche à mon bras, me serre bien fort et nous marchons côte à côte.

Malgré tout, nous avons presque grand air en rentrant ainsi à la case ; ce sultan, prisonnier, dépossédé, trouve moyen de ressembler à un grand seigneur, correct et poli en tout point. Nous faisant de nombreux salams devant notre porte, il met cérémonieusement la main à son front, pour nous saluer à l'arabe.

L'USINE D'ANAMAKIA

9 septembre.

Il paraît que nous n'avions pas tout vu en fait d'excursions et que ce pays sauvage contenait à quelques lieues de chez nous une magnifique fabrique de conserves de viande pour l'armée, installée sur un pied inouï et qui est, dit-on, la plus importante après Chicago ; la preuve en est là, puisque l'installation a coûté si cher qu'elle est en faillite et que les actionnaires ont « trinqué » fortement, ce qui nous faisait dire, en considérant les énormes marmites où l'on fabrique le Liebig, que le plus sérieux bouillon avait encore été bu par les actionnaires.

Donc, hier matin, visite à cette fabrique qu'on appelle la Graineterie française, du nom de la société qui l'avait fondée.

Prenant passage sur une chaloupe à vapeur de la direction du port, nous arrivons en une heure environ à l'embouchure de la rivière des Maques, petit cours d'eau qui serpente au milieu des palétuviers et qui se jette tout au fond de la rade; nous la remontons pendant une heure et demie, pour arriver enfin en un point appelé Anamakia, où se fait en temps ordinaire tout l'embarquement des marchandises. Un appontement nous permet d'accoster et nous débarquons au milieu de vastes hangars, parcs à charbon et magasins, le tout bien aménagé, bien espacé au milieu de bouquets d'arbres que domine de temps en temps le panache d'un cocotier.

C'est de là que part la voie Decauville, longue de 10 kilomètres, qui relie l'usine à son débarcadère.

Le téléphone est installé dans une des petites cases qui sont là; je dois avouer, à notre grande honte, que nous avons d'abord beaucoup de peine à nous en servir : chacun essaye sans réussir. Serions-nous devenus tout à fait sauvages!? Moi, je ne m'en mêle pas, détestant cet instrument qui m'impressionne toujours et me coupe la parole dès qu'il s'agit de m'en servir. Nous arrivons quand même à un résultat, car, au bout de quelques instants, nous apercevons, se dirigeant de notre côté, le petit wagonnet aménagé pour les voyageurs et tiré par deux énormes mulets, sa machine étant pour l'instant en réparation.

Les enfants battent des mains, fous de joie, reconnaissant avec délices le tramway du Jardin d'acclimatation ; nous y prenons place, dos à dos, faisant face à la campagne ; un léger toit et des rideaux nous tiennent à l'abri du soleil.

Nous élançant au travers de ces plaines immenses, emmenés à toute vitesse par nos bêtes, pour lesquelles notre wagonnet ne pèse pas lourd, nous longeons presque tout le temps la rivière des Maques, qui forme comme un bouquet de verdure tout le long de ces grandes prairies, et tout cela nous change heureusement de notre plateau de Diégo, si nu et si aride.

Dans les descentes, on décroche l'attelage, pendant que le wagon descend tout seul, entraîné par son propre poids ; un bon serre-frein est d'ailleurs indispensable pour éviter les accidents que la malveillance ne manque pas de provoquer en plaçant des pierres sur les rails aux tournants et aux approches des ponts. Nous en traversons plusieurs, nous venons même de franchir le dernier que déjà nous apercevons au pied des montagnes les bâtiments de l'usine ; ce sont de grandes constructions en briques d'une centaine de mètres de façade. Derrière ce premier plan sont étagées, sur les collines, les habitations des Européens et, à gauche, dans le fond de la vallée, serré le long de la rivière, l'immense village habité par tous les indigènes employés à l'usine.

Encore quelques minutes de chemin et nous arrivons à une barrière qui s'ouvre devant nous. C'est là que nous trouvons M. B..., ingénieur-gérant, qui nous reçoit on ne peut plus aimablement.

Sa case est une belle maison coloniale, très grande et très confortable ; une large véranda l'entoure et la préserve du soleil. Nous mourons de faim ; un excellent déjeuner nous attend et, certes, nous y faisons honneur.

L'usine est actuellement en liquidation. On avait eu le tort de vouloir aller trop vite et sans se rendre suffisamment compte des choses ; c'est ainsi qu'on avait envoyé, dès le début, tout un personnel de bouchers venant directement de la Villette ; puis on s'était mis tout de suite à fabriquer les conserves de viande ; or, il paraît que, dans ce genre d'industrie, ce n'est pas la viande qui rapporte le plus, mais bien tous les autres produits, tels que : Liebig, margarine, noir animal, etc.

M. B... vient de tout remettre en état et de faire construire tous les bâtiments nécessaires ; on n'attend qu'un ordre de France pour reprendre les travaux ; les fourneaux sont chargés et prêts à être allumés.

Les bœufs ne manquent pas dans le pays car, pendant les quelques mois que l'usine a déjà fonctionné, c'est 200 bêtes par jour qu'on mettait en boites. Ajoutez à cela que le bateau à vapeur venant de Maurice tous les mois emporte chaque fois des chargements de 300 bœufs.

L'abattoir est admirable d'installation et de propreté. Les bêtes arrivant par une des extrémités, doivent passer par une sorte de tambour à claire-voie et un indigène, au moment où le bœuf apparait, le frappe d'un coup de sagaïe à la tête. Aussitôt le cadavre est enlevé et dépecé, pendant qu'un autre bœuf se présente, et ainsi de suite tout le jour ; une rivière coule en permanence, car les heureux mortels de ce pays ont l'eau à discrétion.

L'usine, bien entendu, se suffit entièrement à elle-même ; le gaz et l'électricité, indispensables dans une pareille entreprise, sont produits sur place ; on trouve aussi un laboratoire, une pharmacie, une boulangerie et tous les ateliers de réparation imaginables.

Les peaux, après avoir été tannées légèrement, sont expédiées à Salonique et destinées à fournir les fameux cuirs de Russie ; ainsi la Parisienne, qui porte dans sa poche le petit porte-monnaie élégant, en cuir satiné et parfumé, est loin de se douter que sa bourse a vu le jour sous le ciel de Madagascar.

Avec la graisse on fabrique des bougies et le reste est envoyé (ô douleur!) comme margarine dans toutes les beurreries de France ; ainsi donc, plus d'illusions sur la tartine beurrée du *five o'clock-tea*.

Le Liebig, lui, n'est pas falsifié et c'est bien le résidu le plus honnête et le plus pur d'une viande magnifique. Quant aux os, ils sont pulvérisés pour faire du noir animal. Vous voyez que rien n'est perdu.

Après cette visite détaillée, il faut songer au retour ; nous remontons sur notre petit wagonnet qui nous reconduit jusqu'à Anamakia ; là on nous montre le cadavre d'un énorme caïman qu'on venaît de capturer, alors qu'il avait dévoré une malheureuse négresse, qui avait eu l'imprudence de traverser la rivière à gué à la nuit tombante.

Ce sont des accidents qui arrivent couramment, mais nous n'avons pas encore eu la chance d'apercevoir le moindre crocodile vivant ; il paraît qu'on ne les voit que quand on n'en a pas envie.

LE KABAR

Cela se passait seulement les soirs de lune, quand le ciel était très clair, ce *kabar*[1] des noirs appelé aussi le *mouringue*.

Il y avait des jours où cela devenait palpitant, intéressant comme les courses de taureaux, seulement c'étaient des hommes.

Quand tout le monde était réuni au grand complet sur la place du village indigène, on formait un grand cercle comme autour des lutteurs de foire, et le plus en train, le plus échauffé, se mettait dans le milieu, appelant un combattant, excitant les autres par des cris, des façons et des gestes de sauvages.

Ils en profitaient généralement pour vider les querelles du jour ; si deux noirs avaient une dis-

---

1. *Kabar* : réunion.

cussion sur un sujet quelconque, si on se disputait une femme, par exemple, c'était toujours au *mouringue* que la question était tranchée : le plus brave, le plus fort l'emportait.

Ce *kabar* était très gardé par la police, laquelle se composait d'indigènes costumés en gardes champêtres, portant une blouse de calicot bleu et une grande écharpe rouge en travers. Connaissant leur monde, ils savaient qu'on s'emballerait, qu'on s'échaufferait outre mesure et qu'à un moment donné, entraînés dans la lutte, les combattants pouvaient se faire un mauvais sort ; alors, armés d'énormes bâtons, de gourdins prodigieux, ils se plaçaient dans le cercle, tout près des lutteurs, prêts à les séparer en temps voulu.

A côté du cercle, perdu dans la foule, est l'orchestre des noirs ; les uns jouent du tambour en tapant à tour de bras sur des boîtes en fer blanc, d'autres se servent d'un instrument de musique malgache, sorte de triangle en bambous creux remplis de petits cailloux ; le noir qui en joue l'agite avec frénésie, le balançant horizontalement avec une ardeur et un entrain de tous les diables ; sa petite musique drôlette fait un bruit imperceptible de fifre des bois, quelque chose de doux et d'étrange qui s'entend à peine au milieu de ce vacarme effroyable, de cette bagarre indescriptible.

Tous les autres crient, hurlent pour attirer et entraîner la foule.

Tout à coup un noir se décide, sort des rangs et entre bravement dans le cercle, il regarde son adversaire, le dévisageant avec un air de férocité amusant; puis la lutte s'engage et tout le monde se tait; pour un instant, tout retombe dans le silence.

Les deux noirs commencent par se cogner, se rejeter, se reprendre, et finalement, de deux ne font plus qu'un, roulant l'un sur l'autre en poussant de petits cris rauques; de temps en temps ils viennent sur nous, le cercle s'élargit, la foule se met à crier, à vociférer pour les entrainer encore davantage; on trépigne, on bat des mains, ça devient de la rage.

C'est assez, pense la police, qui se met à jouer du bâton, à se ruer sur les combattants pour les séparer, les empêcher de s'écraser s'il en est encore temps.

Le cercle est rompu et toute une foule en délire, une vraie bande de fous, dont nous faisons partie, entraînés comme les autres, se jettent sur les lutteurs. Comme une énorme masse, comme une

montagne qui se dérangerait, le *mouringue* se déplace, courant les rues, passant les chemins ; c'est la houle, la houle furieuse d'une foule noire avec des rugissements de fauves . . . .
. . . .

Quand on est parvenu à les séparer, tout le monde retourne se grouper sur la place ; de nouveau on forme le rond et, pour arriver à bien écarter la foule, les policiers armés de leurs grands bâtons, qu'ils tiennent à deux mains, les brandissent de droite et de gauche avec toute la force de leurs solides muscles.

On attrape bien des jambes au passage, mais, par ce procédé, tous se reculent sans hésitation.

La lutte recommence encore une fois, deux fois, trois fois, selon l'entrain et les querelles des noirs.

Quand tout est bien fini, la foule se disperse, on conduit les éclopés jusqu'à leur case, chacun retourne au logis avec sa bosse, son œil poché, ou son bras démis ; toujours la police protectrice veille sur eux.

Nous autres, nous rentrons tranquillement chez nous par le chemin des écoliers, longeant la mer le plus souvent, — la grande mer, toujours calme le soir, car le vent s'apaise la nuit, laissant un peu de repos à ses flots agités par toute une journée de houle.

Des barques de pêcheurs vont et viennent avec d'énormes torches, c'est comme une trainée de feu qui se répand sur l'eau profonde et noire, devenue limpide pour un instant, et cette lueur se promène sur la mer, éclairant la barque, les hommes qui prennent des airs fantastiques; puis tout disparaît en un clin d'œil et semble rentrer dans ces profondeurs inconnues.

Il y a de beaux poissons dans cette rade immense; on n'aurait qu'à les pêcher; mais, pour les noirs paresseux, c'est toute une décision à prendre, un véritable effort que d'aller la nuit se livrer à ce travail.

Il y a bien aussi des soles, paraît-il, mais c'est *fadi* (sacré), oh! tout à fait *fadi,* et, quand un noir vous a dit ce terrible mot, il n'y a pas à y revenir. Malheureusement, il y a des tas de choses comme cela qui sont *fadi* et auxquelles on ne touche pas.

Les anguilles, par exemple; on en trouve de très belles dans certaines rivières assez éloignées; un blanc nous en avait apporté une fois; le cuisinier noir les regarda avec horreur, déclarant que pour lui il aimerait mieux mourir que d'y toucher ; le cuisinier de nos voisins en dit autant, en sorte qu'on renonça à les manger. Les noirs les regardaient avec la même horreur que s'ils avaient vu le diable caché sous la forme du serpent.

Quant aux soles, c'est encore plus drôle ; outre que c'est un poisson *fadi*, les indigènes ont une autre raison pour ne pas les pêcher ; la voici : Un jour que je demandais à un noir de m'apporter des soles, il me répondit : « Mi la pas capable ; tu sais, Madame, poisson comme ça n'a pas fini pousser, li la rien qu'un côté ; quand ça mi trouve, mi jette à l'eau pour laisser li finir pousser. »

Et voilà comme quoi les soles sont d'heureux poissons, vivant en famille et filant des jours paisibles dans les eaux de Madagascar !...

BRUITS DE GUERRE

6 octobre.

Le courrier de France vient d'arriver ayant à son bord M. Le Myre de Vilers et M. Ranchot, le nouveau résident de Tananarive, qui vient remplacer M. Larrouy.

Ils vont tous deux à Tamatave et de là à Tananarive ; il s'agit d'avoir un résultat définitif, sans échappatoires ; il faut parler haut et ferme et avoir des garanties sérieuses : sans quoi, le dos tourné, tout est à refaire ; c'est donc un ultimatum sérieux posé à la Reine qui déterminera la guerre ou la paix.

Pierre vient de recevoir l'ordre de se tenir prêt à partir en mission ; il doit s'embarquer sur la *Rance*. Où ira-t-il? On n'a rien voulu lui dire, mais ce ne peut être qu'à Majunga faire quelques projets de guerre sur le papier.

Je pense que son cœur de militaire se réjouit de la faveur de cette mission ; le mien est plus calme.

Je suis donc occupée pour l'instant à enlever tout insigne militaire des dolmans blancs ; ordre est donné de prendre le plus possible un air de commerçant en voyage, et c'est à cela que nous travaillons.

Pour moi, je vais rester seule ici avec les enfants, je n'aurai pas de nouvelles du tout, ni lui non plus d'ailleurs, car nous n'avons aucun moyen de correspondre.

Hier soir nous dînions sur le *Primauguet*, le commandant y voulait donner ses dernières instructions ; car c'est lui qui commande la station de l'Océan Indien et qui vient de recevoir tous les pleins pouvoirs civils et militaires. J'étais étonnée d'être comprise dans l'invitation, étant donnée la gravité des circonstances, mais j'en ai été contente, car ce m'est toujours un plaisir de me retrouver dans un milieu maritime.

Après le dîner, je laisse ces messieurs se plonger dans les cartes et les projets de guerre, discutant, parlementant, et je monte m'asseoir discrètement sur le pont, philosopher un instant avec les plus jeunes de ce bateau qui, eux, n'ont rien à voir aux projets, n'ayant, en temps donné, qu'à obéir sans restriction et sans avis.

Nos réflexions sont plutôt tristes et nos idées noires, car moi, femme, je me dis : « Pourquoi cette guerre ? pourquoi cet affreux mal ? pourquoi ce trouble inutile à tous ? Quand la vie serait bonne et douce, d'où vient que les hommes veulent la changer ; et voilà que, je ne sais trop comment, je me souviens à l'instant avec une grande intensité de pensée de ce délicieux livre de Maupassant, qu'on appelle *Sur l'Eau,* où lui aussi se révoltait à toutes ces idées de guerre quand il disait : « La guerre... se battre... s'égorger... massacrer des hommes... et nous avons aujourd'hui, à notre époque, avec notre civilisation, notre science et notre philosophie, des écoles où l'on apprend à tirer de très loin, avec perfection, beaucoup de monde en même temps, à tuer des tas de pauvres gens innocents et chargés de famille. »

Ah ! que tout cela est cruel à penser, surtout quand on sait que ces choses seront celles de demain.

Mais mon cœur révolté veut se calmer malgré tout et, refusant de s'assombrir sur cette affreuse pensée, se souvient de même qu'il est dit aussi, dans ce très joli livre : « La guerre est sainte, d'institution divine ; c'est une des lois sacrées du monde ; elle entretient chez les hommes tous les grands et nobles sentiments, l'honneur, le désintéressement, la vertu et le courage... »

« Armez la baleinière du commandant à tribord ! » et le coup de sifflet réglementaire me sort de toutes ces tristes réflexions.

Le commandant nous conduit jusqu'à la coupée ; on se dit adieu, le canot file droit sur le petit quai de débarquement, la nuit est venue, il est tard ; le bruit des avirons et le clapotis de l'eau rompent seuls ce grand silence.

Tout est calme autour de nous ; la petite ville noire est endormie...; nous regagnons silencieusement la case, mais chacun de nous poursuit encore son idée comme s'il craignait d'en parler tout haut . . . .
. . . .

VISITES DE SULTAN

10 octobre.

De longs jours calmes et tranquilles malgré les bruits alarmants et les idées de guerre ; c'est l'attente de l'inconnu et nous l'attendons paisiblement.

Notre pauvre sultan Saïd-Ali a failli être déporté en Calédonie, sans avoir même été entendu : encore un tour qu'on a voulu lui jouer.

Nous lui avons vivement conseillé de ne partir qu'avec un ordre écrit, et comme on n'a pu le lui fournir, il est resté.

De temps en temps, il vient passer un bout de soirée chez nous ou chez des amis, accompagné de la petite sultane très drapée, très cachée dans ses voiles épais.

Les enfants la considèrent comme un joujou vivant et retrouvent pour lui parler le langage des bébés, espérant s'en faire ainsi mieux entendre;

car, inférieurs aux animaux dans ce cas-là, les pauvres humains n'ont pas même la ressource de hennir ou d'aboyer de la même façon, de manière à se comprendre mutuellement.

Puis, comme des gens corrects, nous nous rendons nos visites. Le sultan occupe une case dans la ville basse, une vraie maison de prisonnier et de dépossédé; pourtant, dès l'arrivée, vous sentez que vos hôtes connaissent fort bien les lois de l'hospitalité; on apporte tout de suite de très bon café offert dans une délicieuse cafetière turque, de la bière et des petits gâteaux; la sultane, elle, remplit à sa manière ses devoirs de maîtresse de maison, en vous couvrant d'eau de rose et de parfums violents dont vos vêtements seront pour longtemps imprégnés; c'est un vague souvenir de la rue du Caire et des galeries de la rue de Rivoli.

De temps en temps, dans l'après-midi, arrive jusqu'à la case, d'un air important et cérémonieux, un grand Anjouanais porteur d'une lettre de la part du sultan; c'est une de ces lettres étranges, pleine d'originalité et de nobles sentiments, où Allah me comble de ses bénédictions et la sultane de ses gâteaux, pâtisseries terribles à manger, qu'elle a confectionnées de ses doigts mignons avec un soin tout particulier et une grande minutie, barbotant gentiment dans la farine blanche avec ses petites mains noires ; c'est tout parfumé de gingembre et de cannelle ; c'est cuit dans la graisse et les odeurs de suif, ainsi que les parfums orientaux, s'y mélangent d'une façon désolante; mais c'est si gentiment offert que nous ferons sûrement de violents efforts pour y faire honneur.

Puis pour finir cette missive, un petit postscriptum tout sanctifiant, qui n'a rien des nôtres et dans lequel il est dit :

« Je prie Allah de toujours protéger un bon et loyal militaire tel que vous ; je le prie de même d'avoir soin de votre famille et de vous accorder ses grâces. »

AUX AVANT-POSTES

21 octobre.

Nous voici pour l'instant protégés par les autorités civiles qui prennent de sérieuses mesures pour nous garder du danger et nous préserver des Hovas.

Ainsi, on organise des patrouilles de nuit faites par les civils ; les Hovas n'ont plus le droit d'entrer chez nous à partir de 7 heures du soir ; mais, pour la journée personne n'y a songé. . . . . .
. . . .

Voici la circulaire officielle placardée ces jours-ci (17 octobre) sous le tamarinier, l'arbre du pays sur le tronc duquel sont affichées les nouvelles graves de Madagascar.

ORDRE GÉNÉRAL

Le Gouverneur de Diégo-Suarez et dépendances,

Vu les troubles qui règnent sur les frontières et dans une partie du territoire de la colonie et pour rassurer la population contre les dangers d'incendie et de pillage ;

Décide :

A partir de samedi, 20 courant, jusqu'à nouvel ordre, il est interdit à quiconque n'est pas fonctionnaire ou militaire en service de pénétrer dans Antsirane du coucher du soleil jusqu'à 5 heures du matin sans un passeport délivré par le gouverneur.

Il est interdit de pénétrer dans la ville par d'autres voies que la route neuve d'Anamakia et la route d'Ambohimarina.

A partir de 10 heures du soir jusqu'au lever du soleil nul ne pourra circuler en ville sans être muni d'un fanal.

Toute contravention à la présente décision sera punie d'une amende de 15 fr. et d'un emprisonnement de 2 à 5 jours.

La présente décision sera publiée et communiquée dans toute la colonie.

Diégo-Suarez, le 17 octobre 1894.

Le Gouverneur,

Signé : FROGER.

Hier soir, nous partions en bande jusqu'aux avant-postes, après avoir acheté chez les Chinois de superbes lanternes multicolores de formes bizarres.

A la limite de la ville, nous avons trouvé, en effet, quelques braves individus en chapeau de paille et complet blanc, faisant beaucoup d'embarras avec les fusils qu'on leur avait prêtés ; grâce à Dieu on ne les avait pas chargés ; la chose fût devenue dangereuse avec des gens n'ayant pas l'habitude de manier des armes de guerre.

Somme toute, c'est une bonne affaire que cette ordonnance des lumières pour le soir, les chemins sont tellement pierreux et mauvais, qu'on risquait toujours de se casser le cou.

Nous redescendons des avant-postes ; nos lanternes que le vent agite s'éteignent les unes après les autres ; on les rallume vite, craignant la contravention. Nous passons devant le marché où sont entassés pour la nuit quantité de malheureux, qui eux, n'étant ni *fonctionnaires,* ni *militaires,* n'ont pas le droit de circuler dans la ville après 9 heures.

Tout noir qui n'a pas de logis doit passer la nuit dans cette immense cage à lions ; nous recueillons donc au passage, non des cris de bêtes féroces, mais des gémissements de gens ennuyés ; demain

matin, au petit jour, on leur donnera leur liberté;
et ils seront remplacés par tous les marchands du
pays : hovas, malgaches ou autres, venus pour les
provisions du matin.

DÉCLARATION DE GUERRE

31 octobre, 10 heures du soir.

Une pluie fine qui tombe sans fin, humide et chaude, une petite pluie qui vous cingle la figure et vous aveugle ; et voilà que, comme des fous, nous descendons en bande, le cœur anxieux et oppressé, car le courrier de Tamatave est signalé ; il entre en rade et cette fois nous rapporte des nouvelles graves.

Pour aller jusqu'à la ville basse, nous suivons la grande route à pic qui longe le bord de la mer, nous courons plus que nous ne marchons, en cinq minutes nous sommes sur le quai.

Toute la population est là, officiers et civils, indigènes de toutes sortes : Antankares, Sakalaves, Antémours ; car tous ces gens sont venus de très loin, pour savoir ce qui a été décidé sur leur sort et ce qu'ils vont devenir ; eux aussi sont anxieux, les pauvres gens ; comme nous, ils vont et viennent, formant des groupes, courant de l'un à l'autre pour recueillir quelques débris de phrases, quelques nouvelles enfin.

Il fait nuit noire ; aussi a-t-on allumé sur les quais une sorte de grande torche pour éclairer tout ce monde ; elle brûle en faisant un bruit étrange, ayant l'air de cracher sa lumière avec frayeur et achevant de donner à ce pauvre pays un air lugubre et épouvanté.

Nous allons de l'un à l'autre, tâchant de reconnaître les gens qui forment ces groupes, causant à voix basse ; tout le monde est pressé, ahuri, courant à la poste, au débarcadère, avide de nouvelles, voulant à tout prix savoir quelque chose, bon ou mauvais.

Au milieu du va-et-vient, nous finissons par recueillir ces mots, ces terribles mots qui vont de bouche en bouche et qui se transmettent ici dans plusieurs langues : « La guerre..., la guerre..., la guerre... » C'est comme une traînée de terreur et de stupéfaction que ces deux mots laissent après eux : évidemment on le savait, on le prévoyait, ce terrible résultat ; mais, c'est égal, tant qu'une chose n'est pas faite, sait-on jamais ?...

Puis nous apprenons ce qui suit :

Les Hovas, comme toujours, ont voulu ruser, gagner du temps et n'ont pas pris la démarche de M. Le Myre de Vilers plus au sérieux que toutes celles déjà tentées depuis dix ans; ils ont pensé qu'ils s'en tireraient encore une fois avec un peu d'habileté et que nous ne serions pas plus fermes qu'auparavant.

M. Le Myre de Vilers, à peine arrivé à Tamatave, avait fait les présentations d'usage et remis le 17 octobre au premier ministre le projet de traité du Gouvernement. La conférence décisive devait avoir lieu au palais le 20 et, dans ce but, des porteurs devaient venir prendre à la Résidence notre ministre plénipotentiaire.

A l'heure dite, aucun porteur ne se présente et, comme M. Le Myre de Vilers envoyait au palais pour en demander le motif, Rainilaïarivony s'excusa disant qu'il n'était pas prêt et qu'il ne donnerait pas sa réponse avant le 29. Devant cette mauvaise foi, le ministre de France changea de ton et envoya l'ultimatum suivant :

« Me conformant aux instructions de mon Gouvernement, je suis obligé de mettre Votre Excellence en demeure d'approuver et de faire ratifier par la reine, dans un délai qui expirera le vendredi

26 octobre, à 6 heures du soir, le projet de traité que j'ai remis à Votre Excellence le mercredi 17 octobre. Faute d'obtenir cette satisfaction, je me verrai dans la nécessité d'amener le pavillon et de quitter la capitale. »

Comme on devait s'y attendre, aucune réponse n'arriva pour le 26, en sorte que le 27, M. Le Myre de Vilers amenait son pavillon et faisait filer sur les deux ports de Majunga et Tamatave tous les Européens qu'on avait fait rallier de l'intérieur.

Pendant ce temps des bateaux parcouraient la côte pour recueillir ceux qui auraient gagné les ports directement.

Afin de rendre la colonne plus légère et de faciliter le ravitaillement pendant la route, on se divisa en deux : par Majunga descendirent M. Ranchot et M. d'Anthouard, résident de France par intérim, puis la mission catholique, c'est-à-dire huit ou dix Pères jésuites, et, enfin, l'escorte militaire composée d'une cinquantaine de soldats d'infanterie de marine, commandés par le capitaine Lamole.

M. Le Myre de Vilers, lui, a quitté Tananarive le dernier, accompagné des colons et des religieuses de l'endroit, pour gagner Tamatave.

On avait pu à l'avance faire disposer des vivres

le long des deux routes et c'est par le télégraphe établi de Tananarive à Tamatave qu'on a eu toutes ces nouvelles. A mesure qu'on passera dans les postes, les fils seront coupés : ce seront là les dernières communications avec la grande capitale des Hovas.

Les deux colonnes sont donc en route, mais on n'en avait encore aucune nouvelle, quand le courrier est parti de Tamatave ; c'est le *Papin* qui a dû aller à Maurice faire câbler tout cela en France. On le saura donc avant nos lettres qui, lorsqu'elles arriveront, ne seront plus que de l'histoire ancienne.

On parle d'un grand corps expéditionnaire qui serait envoyé de France ; en tous cas il est bien certain qu'on ne commencera les opérations de guerre qu'en avril ou mai, c'est-à-dire après la saison des pluies. Jusqu'à cette époque, on ferait occuper les côtes par les troupes d'ici et de la Réunion.

La pluie tombe toujours ; la torche qui éclairait le quai s'éteint doucement ; nous retombons dans l'obscurité. Chacun retourne au logis le cœur angoissé de nouveaux soucis : nos lanternes de papier ont pris des airs piteux et pendent comme des loques au bout des bâtons ; seuls les enfants qui n'ont rien compris à cette triste scène, sinon qu'ils vont se coucher deux heures plus tard que d'habitude, sont ravis de cet imprévu qui les rend joyeux et leur fait trouver charmants ce mouvement et cette agitation inaccoutumés.

MAJUNGA — NOSSI-BÉ

4 novembre.

Pierre est rentré ce matin assez bien portant et satisfait de son voyage, après vingt-cinq jours de vie un peu rude et par une très forte chaleur ; je puise dans son journal, en laissant de côté, avec discrétion, tout ce qui est militaire :

« MAJUNGA. — Parti le 14 à 7 heures du matin sur la *Rance,* j'arrivais le 16 au matin à Majunga, village assez intéressant par l'importance du commerce qui s'y est développé presque entièrement sous notre influence. Nous débarquons sur une grande plage de sable, sans quai, bien entendu. Il y a là, tout à fait sur le bord de la mer, un noyau de constructions en maçonnerie du genre arabe, c'est-à-dire carrées avec une cour intérieure bien à l'abri du soleil, et de grandes terrasses.

« Elles ont été construites pour la plupart par des Indiens commerçants venus de la côte de Zanzibar ou des Comores ; les autres sont habitées par des Européens au nombre de sept ou huit, auxquels il faut ajouter le résident français et les consuls américain et anglais. Un peu plus loin est tout un village de paillottes habitées par les indigènes.

« Le pays est dominé par une hauteur plantée de très beaux manguiers : c'est là qu'est construit le fort hova où flotte le pavillon de la reine.

« Devant la ville s'étend la baie de Bambetoke au fond de laquelle se jette l'Ikopa.

« Les études terminées ici, nous partons pour le fond de la baie continuer notre travail, et c'est de là que j'ai l'occasion d'aller à Maroway, point situé à 30 kilomètres dans la rivière.

18 octobre.

« A 2 heures de l'après midi, M. G..., qui habite le pays depuis longtemps, décoré en 1885 pour les services rendus pendant la campagne, vient nous prendre à bord ; seulement au lieu de nous donner une baleinière remorquée par une vedette comme il en avait été question, c'est en pirogue que nous partons et quelle pirogue !... Elle fait eau de partout et les deux noirs, abandonnant voiles et gouvernail, passent leur temps à la vider à l'aide de noix de cocos, ou à boucher les trous avec de vieux morceaux de chiffons.

« Naturellement, on profite de la marée pour remonter la rivière et tâcher d'arriver avant que la mer ne descende.

« La rade, assez houleuse, fait craindre à chaque instant de voir la pirogue se remplir tout à fait et couler ; le vent souffle fortement venant du large. Il y a un clapotis énorme qui menace de nous faire chavirer et force les noirs à se cramponner au bastingage pour rétablir l'équilibre et pour amener le balancier, qui disparaît sous l'eau, à reprendre sa position normale. Puis ce balancier lui-même ne tient pas et, s'il s'échappe, c'est le plongeon sûr ; pour compléter le tout, l'horizon est noir, les éclairs, le tonnerre et la pluie, tout marche à la fois.

« Cependant le temps se calme petit à petit, et nous nous approchons de la côte pour échapper au fort du courant et à son clapotis terrible.

A 3 heures, nous doublons la pointe Bezezika ; à 4 heures et demie, nous passons par le travers d'Ambatoukeli ; on aperçoit seulement quelques pirogues échouées dans les palétuviers : c'est le port. Enfin nous doublons la pointe de Maevarana ; la marée est encore assez basse et nous permet de distinguer une petite plage de sable et de vase, avec une pointe qui plonge dans la rivière au milieu d'un éboulis de roches ; au loin derrière le cap, on aperçoit un assez gros massif montagneux : c'est Anteranombé.

« A 7 heures, nous quittons la grande rivière pour entrer dans celle de Maroway ; mais la nuit est tout à fait venue et il faut bien connaître l'entrée de la rivière pour la trouver à cette heure. La brise est tombée, il nous faut nager continuellement ; des nuées de moustiques nous envahissent et nous dévorent : c'est à devenir enragé. A partir de maintenant on rentre la voile et nous n'allons plus qu'à l'aviron, car la mer commence à descendre ; le paysage ne change plus, sauf que la rivière n'a plus qu'une cinquantaine de mètres de large.

« Les palétuviers la bordent toujours, mais petit à petit ils disparaissent et on distingue de chaque côté une vaste plaine élevée d'un mètre ou deux au-dessus de la rivière.

« Voici que nous apercevons des lumières : c'est Maroway ; encore un coup de pagaie et nous y serons.

« C'est dans la vase que nous nous arrêtons, en face des premières maisons ; il est 8 heures, porté par un noir, je touche terre sur un tas de vaisselle cassée. J'ai le dos endolori et les jambes fatiguées de ces six heures d'immobilité et de cette navigation tant soit peu périlleuse. Nous suivons un dédale de ruelles étroites, bordées de maisons en pisé et souvent à étages. En passant devant ces maisons, M. G... jette un bonsoir aux habitants à travers portes et fenêtres closes et nous arrivons chez son représentant, M. Jean-Bart, noir de la Réunion, qui habite là avec sa famille.

« Nous montons au premier et sommes introduits dans une assez vaste pièce, meublée comme elle pourrait l'être en Europe : deux lits à moustiquaires, horloge, petite chapelle de la Vierge et, au milieu, une table ronde couverte d'une toile cirée, sur laquelle est une lampe à globe éclairant le désordre d'une fin de repas.

« Vite, on nous fait une place, on nous donne des assiettes, des couverts, des serviettes blanches, et nous attaquons le dîner que M. G... a apporté avec nous.

« Pendant que nous dînons de bon appétit, on prépare en bas, dans un petit bâtiment en planches séparé du grand, notre chambre à coucher : deux lits, deux fauteuils, une toilette, le tout remarquablement propre.

« J'ai quelque peine à m'endormir, peut-être par excès de fatigue et aussi à cause de la chaleur; à la longue, le sommeil finit par prendre le dessus et le matin me trouve tout disposé de nouveau pour l'exploration.

« D'abord, visite à la ville, qu'il faut connaître. Elle ressemble beaucoup à Majunga ; là aussi se trouve un centre assez important de maisons se rapprochant du style arabe : grands murs, fenêtres imperceptibles, terrasses et escaliers extérieurs; d'autres avec l'horrible toit en tôle apporté par nous aux colonies, si chaud et si laid, mais qu'on persiste à employer à cause de sa facilité de transport et du prix de revient.

« De chaque côté de ce noyau, au nord et au sud, s'étend une immense agglomération de cases indigènes. La partie nord est ravissante et consiste en une large rue bordée de cases sur une cinquantaine de mètres de long, tout entière abritée par de superbes manguiers. Elle s'éloigne un peu de la rivière.

« Enfin, à l'est, la ville est dominée par une hauteur d'une centaine de mètres, qui s'élance presque à pic derrière les maisons qui bordent la rue; vers le nord, cette hauteur descend en pente douce jusqu'au lit d'un ruisseau de 50 mètres de large environ, à sec aujourd'hui. Cependant, quelques sources d'eau potable y sortent de terre au pied même de l'éperon et s'écoulent jusqu'à la rivière en ruisseaux fangeux.

« Sur le sommet du plateau se trouve le Rouve ou fort hova. Remarquablement situé, le fort n'offre cependant aujourd'hui aucune chance de résistance possible.

« Un chemin taillé en escalier conduit directement du sud de la ville au sommet du plateau. Là, s'élève un massif en terre, sous lequel est la voûte d'entrée; dès qu'on a dépassé la porte, on aperçoit à droite, entourés d'une palissade, les logements du gouverneur et des différents *honneurs,* et à gauche les paillotes habitées par la garnison; à l'extérieur de la porte sont deux vieux canons sans affûts ; à l'intérieur, deux autres dans le même état.

« Grâce à mon obligeant conducteur, nous pénétrons dans l'enceinte réservée aux chefs et je suis même présenté à la femme du gouverneur, absent pour l'instant. Il est allé jusqu'à Suberbieville, au-devant de Ramastoumbasa, 16e honneur hova, qui, en raison des événements prochains, vient prendre le commandement de la province.

« Admirablement accueillis par cette femme qui est, du reste, un joli type de la race hova, nous acceptons de nous asseoir un instant sous sa véranda et de prendre un verre de pippermint qu'elle nous offre très gracieusement.

« Pour moi, la laissant se lancer dans une grande conversation malgache avec M. G..., je puis crayonner tout à mon aise sur mes manchettes un croquis sommaire du fort.

« A gauche du logement du gouverneur, qui fait face au sud, se trouve un petit hangar sous lequel j'aperçois une pièce de 4 de montagne sur roues et un canon-revolver sur trépied. A droite, est une habitation en construction, presque terminée, et qui est destinée à remplacer la paillote sous laquelle nous sommes reçus. De l'enceinte réservée part une route qui, suivant la crête du plateau, descend en droite ligne vers le nord; cette route sort du fort par une ouverture faite dans la palissade, traverse un mauvais pont jeté sur un fossé, puis passe par une deuxième porte flanquée à droite et à gauche de 3 ou 4 mètres de palissade bordant extérieurement le fossé; à côté de la porte gisent à terre deux pièces de canon sans affûts; au delà, la route continue à descendre jusqu'au lit du ruisseau déjà indiqué, circule au milieu de la ville, abritée sous les manguiers, et se termine à l'abattoir.

« Toute cette seconde partie de la ville est dominée à l'est par une hauteur d'une forme analogue à celle du Rouve, dont elle n'est séparée que par le ruisseau.

« Outre l'eau de la rivière qui, à hauteur de Maroway, est douce, il existe au pied du plateau toute une zone de terrain où les puits fournissent de l'eau excellente.

« En résumé, Maroway est une ville qui peut présenter, à un moment donné, de grandes ressources en raison de sa situation et de sa proximité de Majunga. L'important serait de n'y pas mettre trop de monde à la fois ; cette même réflexion, du reste, peut s'appliquer à Majunga.

« Un seul point pourrait peut-être gêner la navigation des petites embarcations se rendant de Majunga à Maroway : c'est Maevarana ; mais il n'y a rien actuellement et, si l'on occupe Maroway assez vite, il est probable que les Hovas n'auront pas le temps d'y apporter des canons et d'en faire un point de défense.

« Le soir, à 9 heures et demie, abandonnant la pirogue tant soit peu volage qui nous a amenés, je prends passage sur le boutre de M. G..., et le lendemain matin, au petit jour, nous doublons la pointe de Boinaoumari, endroit difficile pour la navigation et réputé dangereux pour les embarcations indigènes.

« Il existe dans ces parages une coutume assez jolie qui rappelle les héros d'Homère et à laquelle notre patron ne manque pas de se soumettre. Cet usage consiste à offrir un sacrifice aux dieux de l'endroit, pour apaiser leur colère et pour calmer la mer et les vents. Malheureusement, nous n'avons pas grand'chose à offrir ; les matelots finissent, cependant, par réunir au fond d'une noix de coco une banane, un morceau de biscuit et une poignée de riz. Muni de cette offrande, le patron se met à genoux à l'arrière du boutre, fait sa prière et vide le contenu de sa noix dans la mer avec le plus grand sérieux du monde.

« Vers neuf heures, nous arrivons à Majunga ; en somme, très bonne traversée ; nuit calme, éclairée par la lune, ce soir idéalement resplendissante.

22 octobre.

« Hamparahiniguidro. — Nous partons en expédition dans l'intérieur où nous devons continuer nos travaux militaires ; il s'agit d'explorer certains points ; on suppose par là l'existence d'une rivière, il faut nous en assurer. Nous emmenons un guide et un *fitacon ;* ce dernier doit nous aider à débarquer, car la rivière indiquée n'est qu'un vaste arroyo, c'est-à-dire une cuvette d'eau de mer dont le niveau monte et descend avec la marée.

« A 6 heures, nous sommes en route, notre baleinière remorquée par une chaloupe à vapeur, et nous ne tardons pas à quitter la rade pour entrer dans l'arroyo indiqué, qui présente à cet endroit

200 mètres de largeur et est bordé de palétuviers sur une assez grande épaisseur.

« Une demi-heure plus tard, le guide nous disant : « C'est là qu'on débarque », nous approchons du bord et, à l'aide de notre fitacon, nous nous engageons dans un étroit couloir vaseux au milieu des palétuviers ; dix minutes après, le pays se dégage, le sol se raffermit un peu et nous mettons pied à terre ; une grande plaine s'ouvre devant nous, couverte de salines, mais ce n'est qu'à un kilomètre plus loin que le terrain se relève un peu.

« A cet endroit sont deux ou trois misérables cases dont les habitants ne sont pas sauvages du tout ; l'un d'eux même, espérant trouver un médecin parmi nous, n'hésite pas à nous exhiber ses infirmités. Il ne s'est pas trompé, car le docteur de la *Rance* nous accompagne ; il l'examine avec bienveillance et l'engage à venir se faire soigner dans un endroit plus propice, à bord, par exemple.

« Nous sommes maintenant dans un assez joli endroit. Le pays, qui est un peu plus élevé, et planté de grands manguiers poussant au milieu des cases et des cultures, est coupé de grandes mares de 7 ou 8 mètres de profondeur, au fond desquelles il y a encore, à cette époque, 80 centimètres d'une eau stagnante couverte de grandes feuilles ressemblant aux nénuphars et d'où émergent d'énormes fleurs violettes. Des bœufs viennent s'y abreuver et ont de l'eau jusqu'au ventre.

« Deux de ces messieurs se mettent immédiatement en chasse, tirant à qui mieux mieux canards et sarcelles pendant que nous poursuivons notre exploration. Il faut, en effet, trouver de l'eau douce, potable, car les lagons que nous venons de voir, bons peut-être pour les indigènes, ne sauraient être sans danger utilisés par des Européens.

« Le guide nous prévient que nous n'en trouverons pas avant Marohogo et que c'est assez loin. C'est égal, nous nous mettons en route ; il est $8^h 45^m$. En effet, au bout d'une heure environ de marche nous n'avons rencontré que des petits ruisseaux absolument à sec ; nous faisons prévenir les camarades de ne pas nous attendre et nous poursuivons nos recherches. Ce n'est qu'à 11 heures que nous arrivons à la rivière tant désirée, après avoir traversé une série de hauts plateaux d'où l'on aperçoit Maroway et la rade.

« La rivière a 25 mètres environ de largeur et

25 centimètres seulement de profondeur ; l'eau, il est vrai, y est très belle, très claire, malheureusement très chaude à cette heure-là. Nous nous reposons cinq minutes sur la rive, puis en route pour le déjeuner que nous ne prenons qu'à 2 heures, fatigués au possible, mais ayant fait ce que nous voulions faire.

« A 3 heures, il nous faut repartir cette fois pour Majunga, où nous n'arrivons qu'à 6 heures, fourbus littéralement. Nous avons fait environ 35 kilomètres, presque tout le temps par la forte chaleur.

« Un bon *tub* en arrivant, une bonne nuit par là-dessus, et, demain, il n'y paraîtra plus.

25 octobre.

« Nos travaux sont terminés et aujourd'hui, à 7 heures du matin, nous passons de la *Rance* sur le *Lynx* qui doit nous conduire à Nossi-Bé ; c'est là que le courrier du 3 nous prendra pour nous mener à Diégo-Suarez. Le *Lynx* est un bateau tout petit, où il n'y a pas une couchette à nous donner ; la place manque totalement.

26 octobre.

« Bonne nuit passée sur le pont ; il fait un temps superbe, la mer est comme un lac ; pas de vent, rien qu'une légère brise qui nous donne un peu de fraicheur ; nous arrivons à Nossi-Bé à une heure de l'après-midi.

« Nossi-Bé. — Une jolie impression dès qu'on arrive devant ce pays, qui nous semble délicieux et absolument différent de tout ce que nous avons vu jusqu'à présent. Malheureusement, la ville est malsaine, la chaleur très forte et humide.

« Le débarquement nous dispose bien tout d'abord : une belle jetée longue d'une centaine de mètres, avec voie Decauville, aboutit à un parc à charbon, puis une bonne route, contournant le pavillon des messageries et la résidence noyée dans la verdure, conduit à une belle avenue plantée de quatre rangées d'arbres et agrémentée d'un bassin avec jet d'eau.

« Il y a là de belles maisons, mais à l'aspect triste, sombre et humide, la plupart tombent en ruines. On sent un pays abandonné, fini, dont le beau temps est passé ; une colonie qui s'en va.

« Et cependant, à une certaine époque, vers 1855, année des grandes constructions, Nossi-Bé fut tout à fait florissante ; mais on n'a plus guère aujourd'hui que le souvenir de cette prospérité.

« Le pays dont la seule richesse était la canne à sucre fut complètement ruiné par l'abolition de la traite des nègres, qui supprimait en un jour la main-d'œuvre.

« La résidence, qui est jolie, vue de la mer, a l'aspect triste à mourir sur la belle avenue de manguiers ; on n'entretient plus rien en dehors des constructions officielles, caserne, église, hôpital, résidence ; la végétation envahit tout et laisse voir de temps en temps émerger de ses flots de verdure des pans de murs et des maisons en partie écroulés. On sent, en effet, que le climat ne doit pas être brillant ; tout à fait la chaleur de Cochinchine : humidité chaude la nuit comme le jour ; on n'est vraiment bien qu'à table, sous le panca.

« La campagne prochaine, qui donnera peut-être de l'extension coloniale sur la grande terre, aura peu d'influence ici ; je crains bien que ce ne soit le dernier coup porté à Nossi-Bé. (*Nossi* en malgache veut dire *île* et *Bé* veut dire *grande*.)

28 octobre.

« Nous venons d'apprendre que Binao, une des reines de Madagascar, dont le territoire est juste en face (Ambavatoubé et Passandava), est venue à Helleville pour s'y reposer des soucis du gouvernement, ou peut-être tout simplement pour fuir les tracasseries des Hovas, qui deviennent d'autant plus vexatoires que les affaires semblent près de se gâter.

« C'est une amie de la France, celle-là, et depuis de longues années. Elle nous a témoigné son attachement en nous restant fidèle malgré l'abandon de 1885 et a toujours tenu à honneur de donner des preuves de son amitié aux Français qui venaient la voir.

« Que d'officiers de marine ont trouvé chez elle bon souper, bon gîte et le reste !

« Ils ne furent pas ingrats, d'ailleurs, et la France lui fit, un jour, don d'un tableau représentant une marine quelconque avec cette simple dédicace :

A LA REINE BINAO

POUR SERVICES RENDUS AU PAYS

« Il en fut de même, d'ailleurs, de la reine du Bouéni, vieille maintenant, mais qui eut aussi son beau temps et distribuait volontiers ses faveurs aux enfants de la France, qui venaient chez elle lui faire aimer notre pavillon ; elle est également munie d'un certificat. Toutes ces petites royautés féminines ne demandent qu'à se jeter dans nos bras.

« Après le dîner, nous partons pour le petit village que Binao a choisi, non loin d'ici, comme lieu de résidence ; c'est au bord de la mer, son royal repos est bercé par le murmure des flots et la brise constante venant directement de son pays. Nous sommes guidés sous les étoiles par le bruit du *tam-tam* et nous arrivons bientôt devant une case assez vaste (paillote d'ailleurs) transformée pour l'instant en résidence royale. La reine, couverte de bijoux, est étendue ou plutôt vautrée sur un petit lit de camp et une cinquantaine de femmes autour d'elle, accroupies par terre, chantent en battant des mains ; cette case a l'air misérable, dénuée qu'elle est de tout meuble et éclairée simplement par une sorte de veilleuse fumeuse.

« Dehors, trois hommes tapent sur des *tam-tam*, tandis qu'un quatrième frappe à coups redoublés avec deux baguettes sur un petit plateau de cuivre placé à l'envers sur un tabouret. Autour d'eux, une vingtaine d'hommes tournent lentement, en chantant de tristes choses mélancoliques et sauvages. Une mauvaise lanterne éclaire le tout.

« Nous quittons ce petit intérieur royal qui voit peut-être ici ses derniers beaux jours ; un orage gronde ; déjà de grosses gouttes tombent lourdement, la pluie commence ; nous n'avons que le temps de regagner le bord.

31 octobre.

« Nous sommes retournés voir la reine. Le cercle d'hommes tournait encore, mais cette fois plus complet ; toujours le même orchestre, d'ailleurs ; la case était moins remplie, cependant, et l'on n'y chantait plus ; nous avons salué la reine, cette fois ; comme nous ne pouvions nous comprendre et que nous n'avions qu'un très médiocre interprète, les conversations languissaient un peu ; nous avons compris cependant qu'elle resterait là quelque temps pour attendre l'arrivée des deux courriers qui vont venir prochainement. Attente diplomatique, par conséquent !

1ᵉʳ novembre.

« Nous allons de royauté en royauté ; aujourd'hui, visite à la reine Kavy, vieille femme à cheveux blancs venue pour voir son petit-fils. Nous la trouvons dans une case bien modeste, dont le propriétaire, son fils, est quelque chose comme tailleur. Elle a, cependant, un orchestre assez complet composé de quatre violons et deux tambours indigènes ; mais quels violons !!... Les artistes s'en servent comme de boîtes pour ranger leurs cordes ; aussi, quand ils en ont besoin, est-ce un véritable travail de patience que de les faire sortir par les S.

« Cet orchestre accompagne un chœur d'une vingtaine de femmes, qui chantent par instant des airs assez curieux mais toujours tristes et monotones.

2 novembre.

« Enfin, voici le courrier arrivé avec quatre jours de retard, mais ayant des nouvelles de l'intérieur ! Le fait saillant est le refus des Hovas d'accepter l'ultimatum, c'est-à-dire la guerre et l'abandon de la capitale par tous les Français, civils et militaires.

4 novembre.

« Nous rentrons à Diégo-Suarez. »

AMBOHIMARINA

5 novembre.

Les Français sont décidément des gens chevaleresques et, ne serait-ce que pour vous en donner une idée, je vous dirai que nous avons embarqué ce soir, avec le plus grand soin, les femmes des officiers hovas regagnant la capitale.

Conformément à un usage de la cour d'Émyrne, qui tient à avoir sous la main, en temps de guerre, les familles de ses fonctionnaires comme garantie de leur fidélité (triste preuve de confiance de la part du premier ministre et qui prouve à quel point il compte sur le patriotisme hova), les officiers d'Ambohimarina et le gouverneur Ranorello ont dû, sur un ordre de la cour, renvoyer leur famille à Tananarive en passant par Tamatave.

Ce matin, nous avons donc vu arriver à Diégo, portées en fitacon, les femmes de ces officiers.

Le gouverneur les a pilotées toute la journée,

reçues à déjeuner, logées au gouvernement, puis, finalement, conduites au bateau et recommandées chaudement au commandant.

C'est à bord que nous sommes allés les voir. Elles sont toutes groupées tristement sur le pont comme de pauvres petites créatures, les unes près des autres, avec des airs de sauvagerie et de découragement qui font peine à voir, enveloppées dans les grands manteaux que portent tous les Hovas, hommes et femmes, qu'on appelle des *lambas* et qui sont d'ordinaire en cotonnade blanche ou de couleur.

Elles ne sont pas jolies, c'est toujours le même type, qui semble être un mélange de Chinois et de Malais, le visage plat, les cheveux noirs et lisses.

Ce poste d'Ambohimarina, qu'elles viennent de quitter, est un camp hova, perché comme un nid d'aigle au sommet d'une falaise, où l'on ne peut avoir accès que par des échelles, faciles à retirer à l'occasion.

Des légendes assez bizarres courent sur cet endroit qu'on prétend en communication avec l'intérieur de l'île par de longs couloirs souterrains qui conduiraient directement à Tananarive, mais tout cela est évidemment de pure invention.

C'est là aussi que, tous les ans, ont lieu les fameuses fêtes du *Bain de la Reine,* fêtes nationales du pays auxquelles sont conviés en général les fonctionnaires de Diégo-Suarez.

Il y a quelques années même, cet usage donna lieu à un incident qui faillit devenir grave ; nos officiers se rendant à l'invitation du gouverneur avaient trouvé les échelles retirées et avaient dû rebrousser chemin.

Cette année encore l'invitation fut reçue comme d'habitude ; nous nous y serions rendus avec plaisir, mais, en raison de la situation politique, on jugea prudent de s'en abstenir.

LA MONTAGNE D'AMBRE

28 novembre.

Un petit bateau de commerce, arrivé ces jours-ci et venant de Maurice où aboutit un câble, nous apprend que le pays vient de voter 65 millions pour la campagne et l'envoi des troupes ; pour plus de sûreté, nous attendons le paquebot de demain qui doit nous donner aussi des nouvelles de Tamatave.

Nous sommes ici tout à fait perdus, ne sachant rien, et c'est de France, la plupart du temps, que nous apprenons ce qui nous concerne. Qu'allons-nous devenir ? On vit au jour le jour, ne pouvant faire aucun projet ; toute la journée nos yeux sont fixés sur la rade et nos lorgnettes braquées sur la passe, car d'une minute à l'autre un bateau peut arriver et emmener les troupes qui sont ici ; tout est prêt pour le départ, l'élément militaire commence à devenir nerveux.

Le pays est très calme et cependant nous serions en état de siège que nous ne serions pas plus confinés dans notre petit coin. Le gouverneur ayant imaginé dernièrement de marquer de nouveau les limites de notre territoire, il en est résulté qu'une partie de ce qui était chez nous ne nous appartient plus !... Finies les promenades à l'aventure au travers de ce pays étrange, portées dans nos fitacons comme sur les ailes d'un oiseau sauvage.

Justement, nous avions fait le projet de monter passer quelques jours à cette fameuse montagne d'Ambre : récompense bien méritée des habitants de ce pays qui contemplent toute l'année la terre rouge et les plateaux dénudés de Diégo.

C'est assez difficile comme voyage : la route est d'abord mal tracée, et la plus grosse partie en est raide et escarpée.

On prend, pour y monter, une voiture à bœufs qu'on laisse à mi-chemin et l'on continue avec des porteurs.

Il n'y a là-haut ni village, ni indigènes ; seuls quelques rares colons y séjournent toute l'année vivant de leurs propres ressources. On y avait construit un petit sanatorium pour les malades qu'on y envoyait en convalescence, mais le cyclone de février — toujours ce fameux cyclone dont les habitants sont encore dans la stupeur ! — a tout détruit, tout enlevé. Cependant, on peut à la rigueur aller chez des colons de l'endroit (seuls émigrants ayant réussi dans cette colonie) qui vous hébergent et vous reçoivent pendant votre séjour là-haut.

Les officiers qui ont pu séjourner quelques jours dans ce pays des dieux vous en font des descriptions enchanteresses ; l'air qu'on respire y est, dit-on, délicieux : c'est un petit coin d'Auvergne avec ses cascades, ses montagnes verdoyantes, ses orchidées rares poussant dans la mousse et dans les troncs humides des vieux arbres ! Ah ! la verdure, quel joli mot ! il sonne à nos oreilles comme les raisins de la terre promise. Oh ! les fleurs, les arbres, les jolis chemins fleuris du pays de France !... quand reverrons-nous toutes ces choses ?...

. . . .

L'HIVERNAGE

4 décembre.

Depuis quatre ou cinq jours, les pluies tombent ferme; c'est l'hivernage tout à fait. Tout le monde se bourre de quinine, car la pluie détrempant cette terre sèche, que rien n'a mouillée depuis des mois, amène toujours une recrudescence de fièvres.

Quant aux chemins, rien n'en peut donner idée : celui qui est devant notre maison est transformé en lac; pour passer, il faut se munir de planches et, le soir, les grenouilles, qui y ont élu domicile, font un vacarme assourdissant.

Ces messieurs sortent en bottes pour aller à leur service, mais il est difficile pour une femme de manœuvrer dans ces profondeurs de terre rouge amollie par la pluie, devenue comme une véritable terre glaise et dans laquelle on enfonce jusqu'à mi-jambes.

Quand je sors à pied, je chausse le vrai godillot de soldat, orné des clous que vous connaissez.

Hier soir, en rentrant de dîner chez nos voisins, je me suis véritablement échouée, ou pour mieux dire embourbée, dans la route qui mène à notre case. C'est une telle difficulté aussi de marcher dans ces chemins bourbeux ! il faut faire un tel effort à chaque pas pour détacher ses pieds de cette boue gluante !

Au bout de quelques minutes de chemin, je ne pouvais plus avancer du tout ; impossible de lutter davantage. Les enfants, qu'on portait, avaient pris de l'avance sur moi, je n'hésitai plus et, gagnant le bord du chemin pour m'asseoir, j'enlevai mes souliers ; cette fois, je marchais ; mais j'enfonçais comme dans du beurre, c'était une drôle de sensation.

En arrivant je m'offris un formidable bain de jambes ; et voilà comment on rentre chez soi à Diégo-Suarez, pendant la saison des pluies...

On avait cependant pétitionné pour que l'on empierrât un peu les routes ; mais on a refusé soi-disant par économie ; à côté de cela, on a construit une Direction de l'intérieur monumentale ; on a fait ajouter une salle des fêtes au Gouvernement et, qui plus est, on commence *un autre* Gouvernement.

Il est venu, il y a peu de temps, un bateau étranger qui, heureusement, n'est resté que quelques heures; nous avions honte de leur montrer ce petit coin de terre française.

L'appontement où accostent les embarcations ayant été presque effondré au dernier cyclone, on n'a pû encore obtenir qu'il fût réparé; pas plus que d'avoir, le soir, une lanterne à ce même appontement. Quand on rentre en canot à la nuit, cela devient tout à fait dangereux.

NOUVELLES DE MAJUNGA ET DE TAMATAVE

Notre courrier vient de nous être distribué : bonnes nouvelles de France, mais encore rien de très précis sur la campagne.

Le paquebot ramène l'escorte militaire descendue enfin de Tananarive, après vingt-trois jours de marche, beaucoup de fatigues, de misères et de tribulations de toutes sortes.

Les porteurs ont lâché la colonne en route ; on a manqué de vivres et force a été de brûler tout ce qu'on ne pouvait emporter.

Le 20 novembre, jour de leur arrivée, MM. Ranchot et d'Anthouard, qui faisaient partie de la colonne, s'embarquaient sur le *Lynx* pour Mozambique, d'où ils envoyaient à M. Le Myre de Vilers, à Tamatave, la nouvelle télégraphique de leur arrivée.

On comprend avec quelle impatience ce dernier, qui était sans aucun renseignement sur l'escorte, attendait la nouvelle; arrivé le 2 novembre à Tamatave, il était bien en correspondance télégraphique avec le Gouvernement par Maurice, mais il était condamné à l'immobilité tant qu'un Européen était encore sur la terre malgache.

Il profita de ce moment pour faire préparer à la Réunion un corps de débarquement destiné à l'occupation de Tamatave. A cet effet, le *Du Petit-Thouars,* qui venait de France et que nous avions vu passer ici le 20 novembre, étant arrivé à Tamatave le 26, en est reparti tout de suite pour la Réunion, d'où avec le *Peïho* des Messageries maritimes, il a pu ramener 600 hommes d'infanterie de marine, 8 pièces de canon et 20 gendarmes sous les ordres du lieutenant-colonel.....

Enfin, le 11 novembre, le *Papin* arrivait à 10 heures du soir de Maurice, apportant l'ordre télégraphique de commencer les opérations et, le 12, après un court bombardement, Tamatave était occupé. Cette nouvelle a dû être annoncée en France par dépêche. Le sous-gouverneur hova et quelques hommes à lui ont été tués: ils étaient restés dans un petit fort où un obus à mélinite les a complètement réduits en bouillie.

Le commandant Bienaimé a reçu définitivement les pleins pouvoirs civils et militaires sur tout Madagascar.

Le *Hugon* amène ici la 4ᵉ compagnie du bataillon de Diégo, prise à Sainte-Marie, où elle avait été laissée comme réserve, au cas où le débarquement à Tamatave eût présenté des difficultés.

Voilà l'ordre du commandant Bienaimé qui a été communiqué à la colonie :

Primauguet, rade de Tamatave, 12 décembre 1894.

Monsieur le Gouverneur,

J'ai l'honneur de vous informer que nous avons pris Tamatave sans coup férir et sans pertes de notre côté.

Par télégramme du 8 décembre, arrivé hier par le *Papin*, le Gouvernement me prescrit de mettre Tamatave en état de siège, et d'assumer les pleins pouvoirs civils et militaires à Madagascar. Je vous prie donc de continuer à rester sur la défensive la plus stricte ; mais, toutefois, étant donné l'état de guerre actuel, vous pouvez repousser par les armes les tentatives de pillage qui viendraient à se produire sur le territoire de la colonie.

Recevez, etc.

Signé : Bienaimé.

Diégo-Suarez, 17 décembre 1894.

La division navale, pendant ce temps-là, s'augmente rapidement, et les bâtiments qui étaient entrés en armement en France le 1er octobre commencent à arriver, mettant un peu de mouvement à Diégo.

Nous avons déjà vu passer le *Du Petit-Thouars* le 20 novembre, le *Météore* le 12 décembre, la *Romanche* le 14 décembre; on attend encore le *Dumont d'Urville* et le *Gabès*.

Notre tamarinier s'enrichit tous les jours de nouvelles affiches; le gouverneur, ne voulant pas être en reste, a fait, lui aussi, sa proclamation.

Habitants de Diégo-Suarez,

Les Chambres ont voté 65 millions de francs pour l'expédition de Madagascar. Le général Duchesne est désigné pour prendre le commandement des 15,000 hommes qui vont être envoyés à Madagascar.

Tamatave a été occupé le 12, sans pertes de notre côté. Le Gouvernement compte sur le patriotisme de la population française à Diégo-Suarez pour aider, de sang-froid, à la protection de la colonie et épargner aux troupes, dont le rôle sera pénible pendant cet hivernage, une partie du service de garde et de surveillance. Je ne doute pas que la gravité des circonstances ne ranime le zèle des citoyens qui ont bien voulu contribuer, jusqu'à ce jour, à la garde de nuit et déterminer ceux qui se sont réservés jusqu'ici à prendre leur part du service ingrat mais nécessaire des volontaires auxiliaires de la police urbaine. Le registre d'inscription des volontaires est toujours ouvert à la Direction de l'intérieur.

Antsirane, 26 décembre 1894.

Le Gouverneur.

C'est tout à fait amusant de voir l'entrain et l'excitation de tous ces braves commerçants qui, sous les ordres du gouverneur et du secrétaire général, s'agitent et montent la garde, pendant que la garnison, chargée de leur sécurité, passe la nuit tranquillement couchée dans son lit.

Tous ces gens, d'ailleurs, ne se font aucune illusion et sont les premiers à en rire, mais, en bons patriotes et, semblables aux pompiers de Nanterre, ils partent gaiement du pied gauche, le fusil sur l'épaule, pour s'en aller passer la nuit à la belle étoile.

LA PLUIE CHEZ SOI

20 décembre.

Notre grand vent est tombé; il commence à faire très chaud; c'est le tour des orages et des pluies antédiluviennes; aussi nos faibles toits de tôle n'y peuvent-ils résister.

Les maisons sont transformées en passoires; la nuit on est réveillé par la pluie qui tombe sur votre lit; vite on le roule au milieu de la pièce, on éponge, on bouche les trous et l'eau tombe à côté; on ne peut pourtant pas dormir avec un parapluie.

Le lendemain on court chez le plombier : il n'y en a qu'un dans le pays, on se le dispute, on se l'arrache, car il a plu chez tout le monde à peu près; on le cherche partout, on finit par le trouver sur le toit d'un ami. « Eh ! mon brave homme, quand vous aurez fini, passez donc chez moi, je vous prie? — Impossible pour aujourd'hui, j'ai trop d'ouvrage, il pleut partout. »

C'est charmant ! allons, nous coucherons dans le salon ou dans la salle à manger, et cette fois on ouvrira son parapluie.

Les chemins continuent à être impraticables et nous manquons de porteurs; les bourjanes émigrent presque tous, étant de race hova, et quant à ceux qui restent en ville, on se les dispute tout autant que le plombier.

L'autorité civile continue de rêver plaies et bosses, et son idée fixe serait de s'illustrer dans un petit combat quelconque, sans songer que ce serait tout à la fois danger et folie de perdre du temps et des hommes sur un point inutile.

Le commandant Bienaimé, se méfiant sans doute de cela, a dit dans ses dernières instructions : « Tenez-vous sur la défensive et ne vous battez qu'en cas d'attaque. » Cette phrase les laisse rêveurs et leur seul désir est de se faire attaquer, aussi aguichent-ils les Hovas de toutes les manières.

Tous les environs de Diégo et principalement Mahatinzo sont pour l'instant très agités; ce dernier poste a reçu l'ordre, la nuit dernière, de s'emparer d'un établissement hova qui, paraît-il, se trouvait sur notre territoire; on y a tué 6 hommes et 1 officier, sans que nous ayons rien eu de notre côté.

Depuis ce temps-là, les Hovas répondent en mettant le feu aux habitations françaises abandonnées par les colons, le feu étant toujours leur grand moyen de défense. Le canon de Mahatinzo répond en tirant sur eux ; mais nous ne savons tout cela que quelques heures après, les nouvelles arrivant par le télégraphe optique, ou souvent même par des indigènes, qui rallient Diégo en grand nombre, venant chercher chez nous asile et protection.

Malgré cette situation plutôt un peu inquiétante, la vie marche toujours ; c'est la petite routine de chaque jour qui se déroule paisiblement au milieu des événements qui se préparent ; les militaires ne s'affolent pas pour si peu et soi-même on devient brave à vivre avec les braves.

Les enfants comptent les jours qui les séparent de Noël et du Premier de l'An ; c'est le grand événement ; heureusement pour le petit Jésus (que serait-il devenu sans cela !...), une maison de commerce vient de recevoir tout un envoi de joujoux qui, sans être merveilleux, feront encore le bonheur des petits, qui ne sont pas des blasés.

NOUVELLE FRONTIÈRE

21 décembre.

Aujourd'hui, journée agitée, mais beaucoup de bruit pour rien ou tout au moins pour peu de chose. Craignant sans doute de voir les Hovas exécuter sur un de nos postes ce que nous venions de faire sur un des leurs, on a fait rentrer dans la journée d'hier les détachements qui occupaient Antanamitar, la Douane et Orangea ; la milice [1] devait aller aujourd'hui dans la matinée leur prêter main-forte et les aider à évacuer les postes ; elle n'en eut pas le temps, car, dans l'intervalle, les Hovas mettaient le feu partout, se sauvaient en entendant les coups de canon, et partaient en incendiant quelques cases.

En ville, l'émoi avait été plus grand, le bruit courait que la milice avait été enlevée ; aussitôt le

---

1. Police indigène.

gouverneur fit partir les gendarmes précipitamment et ce ne fut qu'à leur rentrée à 6 heures du soir qu'on sut la vérité.

On eût pu facilement éviter tout cela en se contentant de rayonner autour de Mahatinzo pour en protéger les abords et en faisant quelques patrouilles, ou même en tendant quelques embuscades, pour s'emparer des maraudeurs.

C'est à croire qu'on veut se faire attaquer de façon à forcer la main et à nous obliger de prendre Ambohimarina. Pourquoi faire, grand Dieu !

Nous soupirons après le *Primauguet* qu'on attend tous les jours ; l'état de siège remettrait les choses au point en concentrant dans les mains d'un seul chef, militaire cette fois, la direction et l'autorité.

23 décembre.

Nous continuons de tirer le canon et les Hovas continuent, eux, de brûler tout ce qui se trouve à leur portée. Toutes les nuits, la troupe s'attend à marcher ; on écoute les sonneries, l'oreille au guet, et, le soir, on prépare la tenue de campagne, bottes et revolver, sans oublier le précieux fanal.

On rappelle aussi aux hommes que cela devient sérieux, en leur supprimant toutes les permissions de nuit, et en leur communiquant l'ordre suivant paru cette après-midi :

Le lieutenant-colonel informe le personnel de la garnison qu'il pourrait y avoir du danger à s'écarter isolément des abords immédiats de la ville. Aucun militaire ne devra donc, en dehors du service commandé, dépasser la ligne allant du cimetière au camp de la *Baie des Amis*.

Oh ! ironie du sort que le nom de cette frontière, qui devrait désormais être changé en celui de *Baie des Ennemis*...

DIÉGO EN ÉTAT DE SIÈGE

24 décembre.

A midi, la *Romanche* entre en rade venant de Tamatave ; on entend tambouriner comme dans les grandes occasions ; chacun, s'attendant à des nouvelles graves, *débouline* en trébuchant les routes boueuses qui mènent directement à la ville basse, c'est-à-dire au quai.

Je me prive de cette promenade, et je réveille sans pitié le cuisinier noir qui fait grassement la sieste, le nez sur sa vaisselle : « Mon ami, va vite voir pourquoi ça tambour li fape si fort. »

J'ai remarqué que, quand je m'exprimais en bon français, ce digne serviteur refusait absolument de me comprendre : j'ai donc adopté le langage nègre sans la moindre hésitation et nous obtenons tous les deux, de cette manière, le plus grand succès.

J'attends patiemment une bonne demi-heure, après quoi je vois arriver sur la route, galopant avec frénésie et paraissant fort agité, mon brave cuisinier qui me rapporte les fameuses nouvelles.

Ce sont d'abord des gestes et des exclamations à n'en plus finir, puis des phrases en malgache, mêlé de français, desquelles je débrouille ce qui suit :

« M. Colonel li devenir même chose M. Gouverneur ; mais, M. Gouverneur li... la plus rien du tout... »

J'ai compris, c'est l'état de siège, mais ce n'est pas fini et j'écoute le reste qui, selon lui, est encore très important : « Tout ça soldats garder la ville ; les noirs, fini coucher 9 heures, sans ça, tirer sur nous pour tuer... » et, d'un geste dramatique, il imite le fusil qui part, porte la main à son cœur d'un air épouvanté, me fait une dernière pirouette en signe de salut et retourne à ses casseroles.

Dans la journée, l'ordre suivant est affiché partout et c'est ce même ordre qu'on tambourine aussi en malgache et en français :

La colonie de Diégo-Suarez est déclarée en état de siège.

Le capitaine de vaisseau, chef de la division navale de l'océan Indien, chargé des pleins pouvoirs civils et militaires à Madagascar,

Considérant que les troupes hovas investissent la

colonie de Diégo-Suarez et interceptent les communications du dedans au dehors et du dehors au dedans, déclare cette colonie en état de siège et nomme au commandement de l'état de siège M. le lieutenant-colonel d'artillerie de marine.

Tamatave, le 21 décembre 1894.

LA NUIT DE NOËL

Tout est très silencieux quand nous quittons la case, longeant le village indigène pour nous diriger vers la grande route qui monte directement à la partie la plus haute de la ville, là où se trouve la maison des sœurs et où doit se dire la messe de minuit.

Quelques patrouilles, quelques rondes de nuit assurant la sécurité de la ville vont et viennent le long des maisons; nous traversons à grand'peine les flaques d'eau, les tas de terre mouillée qui encombrent les rues; avec nos lanternes et nos bâtons en main, nous cherchons nos pas, nous tâtons le terrain, les pieds chaussés de galoches ou de sabots.

On réveillonnera au retour, on tâchera même de s'égayer un peu, pour se faire croire qu'on est encore en France et que demain ne séparera pas toutes ces existences, toutes ces vies que le hasard du métier et de la guerre vont éparpiller dans tous les coins de ce pays, pour combien de temps? et pour quelles destinées? personne ne saurait le dire...

Il ne pleut pas ce soir, le ciel est très pur et les étoiles n'ont jamais tant brillé. Ce dut être une nuit semblable à celle-ci, une de ces nuits merveilleuses des pays d'Orient, qui vit passer dans les plaines de Palestine, au milieu du silence de la nuit, le cortège des rois mages, et le petit groupe plus humble des bergers et des pâtres qui, guidés par leur étoile, s'en allaient, silencieusement et avec émotion, à la recherche de ce Dieu qui venait de naître dans une étable, de ce bébé pauvre et misérable, réchauffé par les animaux de ce triste réduit.

Ce n'était ni le froid, ni la neige, qui sont le lot ordinaire de nos nuits de Noël, mais bien le calme inaltérable de ces nuits des tropiques, ce ciel d'un bleu saphir et ces mêmes astres diamantés, brillants comme des soleils . . . .

. . . .

Et je songe à toutes ces choses en gravissant péniblement la côte qui mène au lieu de notre rendez-vous.

Ce n'est pas une église, pas même une chapelle où nous allons ? tout cela n'existe pas dans le pays, ou du moins *n'existe plus,* car la vraie, l'église paroissiale, a été entièrement détruite, toujours au fameux cyclone ; on l'a remplacée provisoirement par une petite maisonnette de planches mal jointes où entrent librement le soleil et la pluie.

C'est là qu'on fit un service solennel le lendemain du jour où l'on apprit la mort du Président Carnot ; le pays, qui ne veut plus de Dieu, sembla se souvenir ce jour-là qu'il y en avait un, car tous les fonctionnaires de Diégo, civils et militaires, ainsi que le sultan et sa suite, assistèrent à la messe des morts qui fut célébrée dans cette misérable chapelle.

Quelques bancs mal assujettis sur ce terrain caillouteux, un autel de bois confectionné des débris de la pauvre église, quelques morceaux d'andrinople, de mousseline blanche à rideaux en font les seuls ornements ; des bouquets de roses en papier, des fleurs artificielles dorées pour les jours de grandes fêtes, tel est, hélas ! tout le luxe de la maison de Dieu.

Aussi le vieux curé de Diégo s'en est allé de par le monde, jusqu'à Rome même, quêter à toutes les portes, tendre la main partout, sans découragement et sans honte, avec la foi qui fait les forts; voulant à tout prix rebâtir une grande église, car son idéal n'a pas de bornes, et, semblable à Salomon, il rêve de construire dans ce pays perdu quelque chose de magnifique et de grandiose.

Nous déposons en arrivant à la maison des sœurs nos bâtons et nos lanternes dans un coin de la véranda et nous prenons place dans la plus grande pièce de la maison, où se trouve l'autel improvisé. Tous les noirs, hommes et femmes, sont à genoux par terre, suivant attentivement, de leurs grands yeux de fauves, tous les détails de la messe.

Un pauvre petit orgue, genre accordéon, qu'on pourrait appeler un orgue de poche, grand comme une machine à coudre, tenu par une des religieuses, accompagne de son mieux les chants bizarres de tous ces indigènes qui chantent à leur manière, avec une dévotion touchante, les louanges du Seigneur dans un latin qui n'a rien d'orthodoxe.

Et tandis qu'on célèbre ici, si misérablement, sur ce coin de terre à peine française, une des plus grandes cérémonies chrétiennes, des milliers de gens, sur d'autres coins du monde, se réunissent dans des cathédrales magnifiques, dans des églises somptueuses, au milieu de concerts harmonieux et de lumières éblouissantes, en somme... pour songer aux mêmes grandes choses et pour y prier le même Dieu ! ! !

Et puis, tous ensemble, avec d'autres amis trouvés là, nous avons repris la route boueuse et humide pour retourner à la case, un peu tristement peut-être, car cette nuit de Noël était sans cloches, sans animation, sans gaieté.

Une nuit de Noël sans bûche et sans cheminée, avez-vous jamais pensé que cela pût être !... Une nuit de Noël sans le feu qui pétille, réchauffe et réjouit !... Un Noël loin de France !... Un Noël colonial enfin !... Aussi sentons-nous qu'il est doux et bon de retrouver un peu de vie et d'entrain dans cette maison qui est nôtre, perchée là sur sa hauteur comme un joujou fragile ; de très loin nous pouvons l'apercevoir, brillant d'une petite lueur faible comme une étoile qui scintille à peine.

Les enfants, restés au logis, ne veulent pas dormir, s'émoustillent et s'agitent, vibrant de joie à l'idée du réveil de demain !

Oh ! les nuits délicieuses du petit Noël, on s'en souvient comme si c'était hier ; dans un souvenir lointain je vois passer le petit *moi,* le cœur ému de l'attente merveilleuse qui ne devait jamais se réaliser, luttant des heures entières contre le sommeil, espérant voir enfin ce Jésus d'or tout étincelant, les bras remplis de joujoux : bergeries de bois peint, moutons enrubannés, poupées de cire au sourire pincé, arches de Noé merveilleuses, je vous vois encore quand je ferme les yeux...

Le cuisinier s'agite plus que de coutume ; lui et un camarade vont et viennent de la cuisine à la véranda, où est dressée la table, faisant, avec leurs pieds nus, des bonds de singes qui font trembler toute la maison ; l'ordonnance, plus calme, veille à son couvert et allume ses lanternes : de gros ballons chinois, choisis exprès pour la circonstance, ornés de cigognes et de bambous dorés.

Les enfants, ravis de ce bruit, collent leur nez à la porte vitrée et demandent avec anxiété :

— C'est y qu'il est déjà venu, le petit Jésus, dis?

— Non, pas encore, mais tant que vous ne dormirez pas il ne viendra pas.

— Crois-tu qu'il verra les bottes, maman?

Va donc les mettre tout près sur les marches, pour ne pas qu'il les oublie, s'il passe du côté de la mer. Et puis, tu laisseras beaucoup de lumières, quand on sera parti, pour que le petit Jésus reconnaisse bien la maison.

Et toutes ces explications me sont données par la porte entrebâillée pendant que tout le monde s'assied à la grande table et qu'on attaque d'abord l'oie traditionnelle.

Songez aussi à cette émotion pour des tout petits, qu'un jour de Noël dans un pays ne possédant pas de cheminées !... « Pas de cheminées », mais... alors... pas de souliers, pas de joujoux...

Heureusement qu'avec un peu d'imagination de ma part, nous avons eu une fameuse idée ! et nous nous sommes dit que, descendre par une cheminée ou entrer par une porte, ça n'était pas plus difficile, surtout quand on était le petit Jésus...; il a donc été convenu que, ce dernier s'envolant justement du côté de la mer (c'est celui qui m'a semblé le plus poétique), en éclairant beaucoup la maison, en mettant les bottes de papa, il entrerait jusque chez nous...

Et il va venir, ils en sont sûrs, il apportera des joujoux délicieux et inespérés ; déjà leurs rêves commencent, bercés du doux espoir de la réalité.

ADIEUX DU SULTAN

28 décembre.

L'état de siège continue ; tout le monde est sous l'autorité militaire : il était temps ; on fait des travaux de défense tout autour de la ville et les troupes y travaillent avec acharnement.

Comme mon cuisinier me l'avait annoncé, les mesures sont des plus sévères, et tout noir qui sort de sa case après 9 heures du soir est menacé de recevoir des coups de fusil.

Quant à moi, je vois bien qu'il va falloir partir, j'ai tardé le plus longtemps possible ; à présent, je crois qu'il serait de *mauvais goût* d'insister ; mais le retour en France, seule avec les enfants, l'arrivée en plein mois de janvier... ça n'est pas réjouissant du tout, cette perspective !...

Il me semble que si j'allais à la Réunion, par exemple, qui est à trois jours de Madagascar, nous serions moins séparés, sans pouvoir toutefois nous

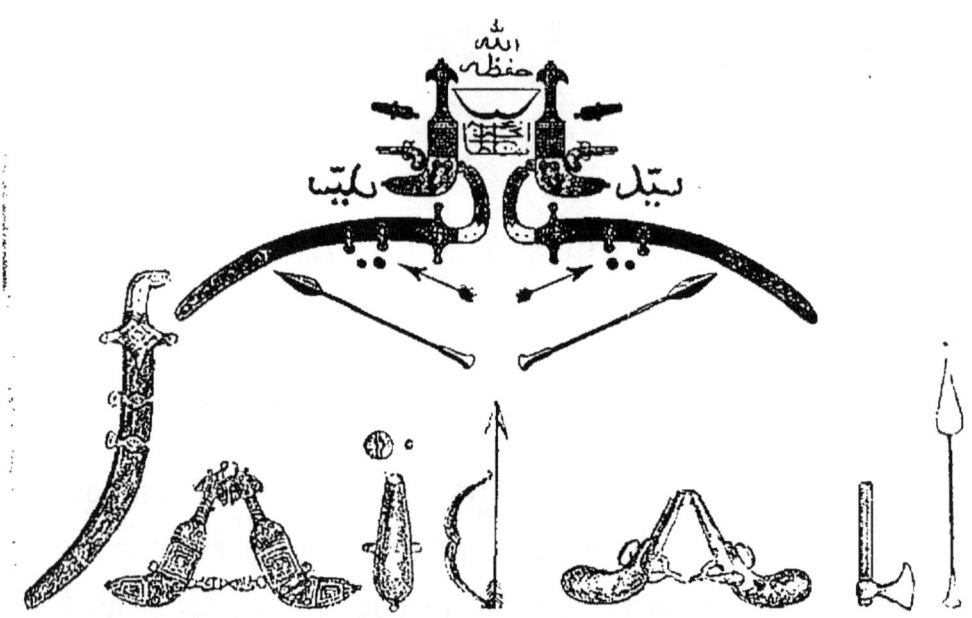

Je presente à Madame et Monsieur........et
Mes hommages ainsi que mes Saluts combler
Le brave Officier qui n'a jamais trambler
Et en guerre il mis ses ennemies en troubler
Notre amitié sera toujours doublée
Loin comme de près les cœurs sont assembler
Saïd Ali qu'il n'a jamais été Accablés
Qui Souffre par l'ennuie du gens endiabler
Allah de ses Bonneur il va lui enssambler
Sultan Saïd Ali ben Sultan
Saïd Omar? Diégo le 26 Novembre 1894

ADIEUX PERSONNELS DU SULTAN

voir davantage, on aurait au moins des nouvelles plus facilement ; c'est un projet que je vais mûrir et qui demande à être étudié...

Et puis il paraît qu'en restant, je serais pour ainsi dire en contravention ; j'ai lu ça dans les petits bouquins bleus, un, notamment, qui s'appelle les *Places de guerre*. Hein ! je suis calée... Vous savez, ces terribles petits livres où les officiers apprennent à commander et les soldats à obéir, dont les militaires inondent leur maison ; de vrais lapins d'Australie, qu'on renouvelle constamment mais qui ne changent jamais, paraît-il. C'est bien dans l'un d'eux qu'est écrite ma condamnation, on y parle des familles d'officiers dans une ville en état de siège ; c'est terrible, comme c'est ça.

Tout le monde part du reste ; il n'est pas jusqu'au pauvre sultan qu'on envoie continuer son exil à la Réunion.

Toujours correct et affectueux, il nous fait des adieux touchants, et quitte, les larmes aux yeux, ce pays de misère qu'il semble presque avoir apprécié, grâce à la sympathie que chacun lui a témoignée. Il a voulu que tous eussent une part d'adieu et que personne n'ignorât son amitié pour la France, qui, cependant, ne lui a procuré que du désagrément. Le journal de Diégo donnait aujourd'hui l'article suivant :

Aux braves habitants de Diégo-Suarez..., salut...

En quittant, pour me rendre à la Réunion, cette charmante colonie où j'ai reçu un accueil si bienveillant, je vous prie tous de vouloir bien agréer l'expression de mes meilleurs sentiments et l'hommage de ma profonde reconnaissance. Je prie Allah qu'il vous protège et vous accorde ses grâces.

Votre ami qui n'oubliera jamais vos honorables sympathies,

Sultan Saïd-Ali,
ben sultan Saïd-Omar.

Antsirane, 4 décembre 1894.

Le journal ajoutait cette réponse :

Nous transmettons à qui de droit l'adieu plein de noblesse du sultan Saïd-Ali. En échange de ses vœux empreints de la poésie orientale et d'une reconnaissance toute française, nous lui adressons les nôtres pour qu'il triomphe de ses ennemis et qu'il continue à aimer la France.

M. ET Mme CHARIFOU-JEWA

Il n'y a pas que le sultan, ni que moi qui partons, il y a aussi Mme Charifou-Jewa et toute sa smala qui retourne aux Indes incognito, aussi incognito que peut partir une femme musulmane, ce qui n'est pas peu de chose.

Vous ne connaissez pas Mme Charifou ? Ni moi non plus, figurez-vous, tant il est difficile à des chrétiens de pénétrer dans un intérieur musulman, même quand c'est celui de votre épicier. Car vous n'ignorez pas que la Maison Charifou-Jewa, de Bombay, est tout à la fois notre Potin, notre Louvre et notre Bon-Marché et nous donne vraiment sous ce rapport beaucoup de consolations.

N'allez pas croire surtout que M. Charifou soit un vulgaire épicier, tripotant tout le jour la morue et les pruneaux, fi ! *l'horreur !* M. Charifou est un parfait gentleman, un homme charmant, plein de tact et de délicatesse, un aimable causeur avec lequel j'ai souvent des conversations très intéressantes.

Nous causons de la France et des Indes et, bien que je n'aie pas encore pu être présentée à sa femme, je sais tout ce qui la concerne; trois raisons lui font quitter Madagascar : la guerre, la venue au monde d'un quatrième petit Charifou et les fiançailles de l'aîné qui entre dans sa sixième année.

Il paraît que cela se passe ainsi aux Indes : dès qu'un garçon atteint l'âge de cinq ans environ, les familles s'entendent pour lui chercher une femme. On lui présente donc sa fiancée, ce qui donne lieu à des fêtes presque aussi solennelles que celles du mariage; après quoi les deux enfants retournent à leurs jeux, chacun de leur côté, en attendant l'âge d'être mariés.

Ils ont donc toute la vie pour s'habituer l'un à l'autre et je me demande, après tout, si cela n'est pas beaucoup mieux ainsi. M. Charifou m'affirme d'ailleurs que les Indiens font d'excellents ménages.

Il est vrai de dire qu'une femme indienne qui aurait la mauvaise idée de vouloir tromper son mari serait bien en peine d'y arriver, car elle n'a pas le droit de sortir de chez elle et ne quitte jamais la maison. Oh! sage mesure! mais qui amènerait une jolie révolution dans notre pays, si on voulait l'imposer aux femmes.

Des malins, tous ces gens-là avec leurs petits airs doux!

Vraiment charmantes, aussi, les relations commerciales dans cette maison. M. Charifou tient avant tout à ne pas faire de la peine à ses clients; je n'ai pas besoin de vous dire qu'avec ce système-là, il est en train de faire faillite et qu'on va le saisir un de ces jours; tous les gens de sa maison le pillent et le grugent à qui mieux mieux. Il parle assez bien français; mais les écritures, les chiffres, il n'y comprend rien et c'est malheur pour la caisse quand il reçoit la clientèle.

Un jour il a voulu me vendre des coquetiers 2 fr. pièce (c'était un peu cher) et une casserole 0 fr. 50 c. (ce n'était pas assez cher); en honnête personne j'ai voulu qu'on intervertit les prix et M. Charifou en était si touché qu'il a insisté pour que je prisse les coquetiers pour rien. Quand je vous disais que c'était un homme de tact!

Si vous allez au magasin commander du sucre et de la bougie, choisir des dentelles ou des étoffes, le maître de la maison vous reçoit comme un galant homme, en vous faisant asseoir le plus loin possible du fromage et du pétrole.

Avez-vous soif? un Indien de la maison vous apporte, dans de délicieux petits bols de cuivre, une eau pure comme le cristal et fraîche comme la glace, ce qui est, croyez-le bien, un liquide très précieux à Diégo ; si vous n'aimez pas l'eau, M. Charifou n'hésite pas à envoyer chercher une petite limonade.

Désirez-vous manger du bon kary, comme les Indiens l'accommodent pour eux trois fois par jour ? causez-en avec M. Charifou, il ne consentira pas à vous vendre celui du magasin, *bon pour Malgaches, ça!* il vous offrira tout de suite un bon cornet du sien propre, de ce kary spécial et parfumé, embaumant la cannelle et le gingembre et dont toute la famille se délecte chaque jour.

Quand vous passez payer la note, on vous offre gracieusement une petite diminution, on vous rabat toujours quelque menue monnaie, *petit cadeau, Madame,* dit M. Charifou d'un air modeste ; puis on vous reconduit poliment jusque dehors : échange de grands saluts et de salamalecs ; on s'incline, on s'abaisse comme de grandes marionnettes majestueuses. M. Charifou ne confond pas les grades : « Au revoir, Madame capitaine, au revoir. » Toujours, pour finir, après les adieux français, leur joli salut de la main au front, répété plusieurs fois avec une grande componction.

DÉMÉNAGEMENTS AUX COLONIES

1ᵉʳ janvier 1895.

Un pauvre petit jour de l'An, misérable au possible, un jour tout pareil aux autres avec les joies en moins et les soucis en plus ; cependant nous luttons pour ne pas nous laisser aller au découragement, pour nous remonter et pour être braves.

A part nous, qui nous séparons, les autres sont enchantés. Tout le monde jubile et se frotte les mains ; songez donc : quitter Diégo, partir avec des troupes, faire une campagne ! C'en est assez pour rendre heureux tous ces militaires.

Quant aux cadeaux, aux joujoux, la joie des enfants nous aura servi d'étrennes ; dès qu'on n'est plus dans les tout petits, le jour de l'An n'est plus amusant ; c'est fini, c'est pour les autres qu'on travaille.

Dès sept heures du matin, c'est une allée et venue de plantons, de noirs porteurs de paquets, avec des cartes à l'adresse de Monsieur ou de Mademoiselle A....., tout à fait comme pour des grandes personnes ; jusqu'à maman qui reçoit un beau sac de bonbons, commandé en France depuis longtemps : c'est ça qui est gentil !

Le *Primauguet* est arrivé hier. C'est le départ des troupes imminent, d'une façon ou d'une autre. Quant à mon projet, il est tout mûri, tout réfléchi ; dans trois jours, je prendrai le paquebot pour aller à la Réunion, avec escale à Sainte-Marie et à Tamatave.

Un déménagement chez nous, vous savez, ça n'est jamais bien compliqué, surtout aux colonies. Cela consiste à vider sa maison, en vendant pour un morceau de pain des choses qui vous ont coûté très cher, à donner une grande partie de ce qu'on possède et à faire ses malles, qui ne sont jamais très nombreuses.

On devient pratique dans nos existences : on s'habitue à vivre avec peu de choses, sans être pour cela plus malheureux que les autres.

Un déménagement qui s'est effectué l'autre jour et qui n'a pas été compliqué, c'est celui des pauvres sœurs dont on a réquisitionné la maison pour y mettre des troupes.

Le lendemain de Noël, un pli de service les informait que leur local allait devenir un poste de soldats et qu'elles eussent à le quitter tout de suite, car les troupes devaient y camper à 4 heures de l'après-midi. Alors ce fut une débandade, une déboulinade à travers la ville de pauvres choses, simples et propres, un vrai mobilier de couvent : des lits de fer, des tables, des chaises de paille ; il n'y en avait pas beaucoup, je vous assure, juste le nécessaire. On déménagea tout cela dans une charrette à bœufs, sorte de grande prolonge, qui, en un seul voyage, emporta tout à la nouvelle maison qu'on leur avait prêtée.

C'était lugubre, triste tout à fait, cette fuite en plein jour ; on eût dit un temps de révolution, ou bien de ces mauvais jours où l'ennemi met en fuite tous les habitants d'un village ; et les pauvres sœurs suivaient silencieusement cette charrette, portant respectueusement dans leurs bras les précieux objets qu'elles seules voulaient transporter : une statue de la Vierge aussi grande que l'une d'elles, un Christ et les rares ornements de la petite chapelle, jusqu'au tabernacle, que des femmes malgaches portaient aussi sur une sorte de brancard.

Le soir, vers 8 heures, un officier de chez nous qui s'intéressait aux sœurs me fit prier d'y jeter un coup d'œil, pensant bien qu'elles n'auraient rien à manger jusqu'au lendemain, vu cette fuite forcée et imprévue, et aussi parce que nous les savions très pauvres.

Donc, je me mets en mesure d'organiser un dîner quel qu'il soit : quelque chose de simple et de *faunable,* comme disent les Bretons; justement je trouve un reste de viande très présentable, le bœuf à la mode des familles, du potage, un pain, une bouteille de vin. Avec une bonne gamelle fermant bien, la soupe dans une marmite de campement : voilà le dîner des prisonniers, c'est absolument l'effet que cela me produit.

Je charge le noir de ces objets, je lui remets le fanal en main, lui donnant l'ordre d'insister pour que le dîner soit accepté et lui recommandant surtout d'être bref dans ses explications.

DÉPART DE DIÉGO

4 janvier.

En mer..... Un triste soir.....

Que d'étapes dans la vie, que d'étapes ! Encore une de franchie et une rude, car il a fallu se quitter, cette fois, et pour combien de temps, mon Dieu !... J'ai le cœur plein d'angoisse à l'idée de cet avenir si inconnu, si sombre, si troublé. . . . .

. . . .

Et pourtant, ceux qui nous ont vus partir n'auraient pu se douter que nous nous quittions pour si longtemps ! Hélas ! on s'en va si souvent, chez nous, qu'il faut savoir se séparer sans lâcher la bride à son cœur, se faire des adieux bien calmes, bien tranquilles, en gardant au fond de soi sa tendresse et ses larmes.

Un départ sans l'affolement du chagrin, ça, c'est la vraie bravoure !. . . . .

Le paquebot doit partir demain matin au petit

jour, mais les passagers avaient l'ordre d'être embarqués ce soir à 10 heures.

Oui, demain nous quitterons ce pays pour n'y plus jamais revenir, et voilà qu'en y songeant je me sens prise d'indulgence et de sympathie pour ce coin de terre qui m'avait semblé toujours si horrible ! Me voilà toute attendrie en le considérant pour la dernière fois.

C'est un Diégo inconnu, nouveau pour moi, vraiment pas laid du tout, vu ainsi de la rade par une belle nuit claire. Toutes les cases s'allument, pareilles à des vers luisants posés là, sur des hauteurs différentes et qui démarquent bien l'aspect de la ville basse et de la ville haute ; je m'amuse à les regarder, je les connais toutes, je pourrais les nommer sans me tromper.

Seule, notre case est déserte maintenant, et j'ai le cœur gros, savez-vous, de penser que sa petite lumière ne va pas briller comme celle des autres !!... C'est dommage, elle faisait si bien, perchée tout là-haut comme un phare et dominant la rade.. ..

UNE ESCALE A SAINTE-MARIE

6 janvier.

De grand matin, par une mer un peu houleuse, mais d'un bleu transparent, nous mouillons devant Sainte-Marie. Devant nous, une petite île attirante, coquette, élégante, quelque chose de déjà vu dans d'autres pays très lointains, presque à l'autre bout de la terre, c'est comme un gros bouquet de fleurs, planté là, seul, et perdu dans l'océan immense.

Que fait donc si près de Madagascar, le pays des montagnes arides, de la poussière rouge et des pierres noires, cette terre fleurie et verdoyante? Quelque oubli, quelque erreur bien sûr à la grande distribution des mondes.

Vue du large, ainsi éclairée par le soleil, avec un peu de brume de beau temps, qui jette comme un voile clair sur toutes ces choses, Sainte-Marie, avec son nom simple, très français et qui lui va si bien, nous apparaît là comme une récompense pour nos yeux, privés depuis longtemps de tout ce qui est la nature, les arbres et les fleurs; c'est comme un soulagement pour nos cœurs fatigués, une très jolie chose, calmante à contempler, entrevue là, pour un instant seulement.....

Nous devons relâcher deux heures; une embarcation du bord ira seule à terre, car ici, contrairement aux autres relâches, aucun canot, aucune pirogue indigène ne viennent à bord encombrer le bateau de marchandises ou de bibelots du pays.

Est-ce que mon île enchantée serait déserte? On n'aperçoit même pas d'habitants.

J'accepte de descendre avec l'agent des postes et le docteur. Le canot nous dépose au Gouvernement, à la Résidence plutôt. C'est joli, joli à faire rêver, ce jardin exotique qui entoure l'énorme maison de pierre, toute simple, rappelant certaines demeures Louis XVI, qu'on trouve encore quelquefois en France, le logis confortable, qui n'est ni maison, ni château.

L'entourage, l'enclos de ce jardin colonial, c'est tout simplement la mer bleue qui clapote gaiement le long de ce petit talus. Des héliotropes gigantesques, des roses de Bengale et des géraniums, toutes les fleurs de France, mélangées aux fleurs des tropiques, poussent là fraternellement, sans souci du trop grand soleil, de la vague ou de la tempête.

Trois grandes marches de pierre servent d'escalier et d'accès à la Résidence. C'est là que nous accostons.

Pendant que ces messieurs causent service et se remettent les lettres de France, je pars à l'aventure, faire une promenade autour de la maison, dans ce grand jardin qui se continue encore très loin là-bas.

Ce sont des plantations de café, de la vanille, des citronniers, poussant au hasard, un peu à l'état sauvage, sans que personne y prenne garde, toutes choses qui embaument, dont l'odeur porte à la tête, avec des senteurs grisantes de parfums trop forts.

Contournant la maison, je vais m'asseoir un instant tout près de la mer, au milieu des fleurs : de jolies verveines violettes, justement, et des reines-marguerites très roses, comme dans les jardins de campagne, en France.

J'ai voulu m'arrêter un instant, juste en face d'une grande épave, tristement échouée devant ce pays si riant, devant ces choses si vivantes, l'épave du *Labourdonnais* : un beau grand bateau qui, chassé par la tempête, s'en est venu faire naufrage dans cette rade houleuse de Sainte-Marie, il y a bientôt deux ans.

Hélas ! presque tous des jeunes à bord, des enseignes surtout, dont trois ne purent être sauvés ; la mer, toujours avare, garda pour elle, comme le butin de cette grande bataille, ces trois pauvres petits, si braves, si enthousiastes pour le métier, dont l'un, presque un ami d'enfance, avait à tout prix voulu devancer son tour afin de s'en aller..... plus vite, disait-il...

C'est à ceux-là que je suis venue dire un petit mot de souvenir, un adieu ! eux qui ne retourneront plus jamais au pays.

. . . .

Presque en face de ce coin charmant est le vrai pays de Sainte-Marie ; nous reprenons notre canot pour y aborder.

En partant, le résident me fait remettre un énorme bouquet fait avec les fleurs de ce jardin ; c'est un matelot à nous qui vient de les cueillir, les coupant rudement avec son gros couteau, pendu à une ficelle, la même que pour son sifflet ;

il les engloutit pêle-mêle dans sa large main et quand il me les donne, il me faut les deux miennes à moi pour les tenir toutes. Je les regarde avec une admiration, un étonnement qui font rire les autres ; c'est qu'il y a si longtemps que je n'en avais senti et touché de ces fleurs fraîches qui sentent si bon.

Cette fois nous accostons n'importe où, où nous pouvons ; pas de marches, pas d'escalier, un peu de sable, des petits cailloux blancs qui font un drôle de bruit quand on hisse le canot pour descendre.

Là, tout de suite, nous prenons un sentier ombragé qui longe le bord de la mer, rien que des grands arbres, des palmiers, des fougères qui s'enchevêtrent dans un fouillis de verdure ; c'est encore beau ici, très sauvage, comme un chemin abandonné par lequel on ne passerait plus.

Où sont donc les habitants de ce pays ? ou n'y a-t-il plus personne?...

J'obtiens de mes compagnons de route quelques renseignements, quelques détails, car eux ne voient pas ce pays pour la première fois.

Cette île de Sainte-Marie, me dit-on, fut très prospère autrefois, et fut entièrement construite (c'est-à-dire ses maisons, sa résidence, son église) par un officier de marine envoyé comme gouverneur ; c'est lui qui créa en entier ce pays il y a vingt-cinq ou trente ans.

Elle eut donc aussi son beau temps, jusqu'au jour où elle fut ruinée grâce à l'abolition de l'esclavage et à l'invention de la betterave. Et puis aussi, disons-le, la fièvre, cette maudite fièvre, cette mort insolente qui plane sur nos têtes comme un fantôme invisible, prenant les plus jeunes, les plus forts, les plus beaux, fit déserter petit à petit le pays : seuls, quelques indigènes, fidèles au sol natal, continuent de vivre sur cette terre insalubre.

Nous longeons toujours notre sentier fleuri, de temps en temps une jolie trouée bleue et le clapotis de l'eau nous rappelle que la mer est là, que nous ne sommes pas perdus dans une forêt vierge.

Des fougères, des lianes, des fleurs étranges, mille choses verdoyantes et moussues ont poussé en travers du chemin, sur les arbres, sur la route, nous barrant le passage par instant.

On dirait qu'une fois tout le monde parti de ce pays, la nature ait pris pour elle toute seule l'air, le soleil, la sève de vie destinée aux hommes et qu'elle s'en soit nourrie, abreuvée, produisant cent pour un et se multipliant avec épanouissement.

Et partout où nous passons, en quittant le sentier, dans d'autres chemins qui mènent à l'intérieur, ce ne sont que maisons en ruines, pierres toutes vertes tombant les unes sur les autres, toits effondrés; pauvres petites cases avec leur jardin encombré par des arbustes et des fleurs devenus des choses gigantesques; chacune d'elles a dû posséder son escalier, sa barrière, aujourd'hui vermoulue; on sent que tout cela a été gentil, coquet, construit avec soin.

De temps en temps, mais rarement, nous trouvons une case habitée; des enfants noirs, tout nus, jouent tristement sur le chemin; ils ont l'air de petits insectes, restés là, par hasard, au milieu de toute cette verdure. Tout cela respire la misère, la ruine, l'abandon, tous ces vieux murs, toutes ces maisons délabrées suintent l'humidité..... la fièvre. . . . .
. . . .

Il faut cependant regagner le bord et pour cela nous allons retrouver notre canot qui nous attend à l'appontement, un petit embarcadère qui sort de toute cette verdure, de ce fouillis d'arbres et de fleurs.

Il y a justement un grand rassemblement de gens et de choses; tous les indigènes sont réunis, hommes, femmes et enfants; ils attendent tristement le corps d'un des leurs, un matelot de Sainte-Marie, mort cette nuit à bord de notre bateau; on lui a promis de le ramener chez lui, le pauvre homme, et cela aura été sa dernière joie de venir reposer sur cette terre qui était la sienne.

Des vies rudes que celles de ces matelots noirs, si vous saviez! Tous les bateaux de guerre faisant campagne dans ces pays-ci en ont toujours à bord une quinzaine; c'est à eux que sont confiés en général les corvées pénibles, les plus rudes travaux, eux qui montent les embarcations aux heures chaudes et, si des officiers descendent à terre pour le service, en pays inconnu, c'est encore eux qui leur servent de guide et de défenseurs à l'occasion. Ils sont de bons serviteurs en général, dévoués comme le chien à son maître.

Tout doucement, nous voyons le canot s'avancer, les hommes nagent très lentement, comme par respect pour le pauvre cercueil qu'ils apportent; on l'a enveloppé tout simplement dans un drapeau français, un grand pavillon de laine, si grand que ses deux pointes trempent dans l'eau, et cela fait comme un sillon sur la mer, comme une dernière traînée de souvenir pour ce pauvre noir, qui s'en vient dormir pour toujours dans ce pays aussi endormi, presque aussi mort que lui-même.

. . . .

TAMATAVE

C'est sur du sable que nous débarquons : du sable dans les rues, du sable partout, du joli sable blanc et fin sur cette grande plage infinie qui remplace le quai. Toute une ville s'est construite là sur cette terre mouvante, sur ce semblant de désert. Par instant, dans les rues étroites, bordées de grandes et belles maisons, on dirait de ces petites villes de bains de mer encombrées, agitées et bruyantes, dont la vie ne dure que trois mois de l'année ; et pourtant ce n'est pas cela, pas cela du tout même.

Toute cette agitation, tout ce va-et-vient de gens et de choses, c'est la guerre, l'affreuse guerre qu'on prépare ; elle règne ici en souveraine, en maîtresse absolue, chassant les habitants de leurs maisons, bousculant, renvoyant de leur logis des tas de gens qui ne demandaient pas à partir.

Partout des maisons réquisitionnées pour y loger des troupes, des boutiques suspectes qu'on a fermées, des Chinois ou autres renvoyés du pays. Des chevaux, des mulets, des voitures, tout est pris, confisqué pour être employé dans le service, et tout cela est voulu, forcé; c'est la guerre avec ses exigences et ses férocités.

Pilotée dans la ville par des amis militaires, j'ai pu quitter le bord pendant quelques heures ; de cette manière, pas de permission extraordinaire à demander pour descendre à terre, comme cela se passe en temps de guerre, puisque ce sont eux qui les donnent.

C'est une grande agitation, un grand va-et-vient d'indigènes, de soldats, matelots, officiers à pied, à cheval, portant des ordres ; tout le monde a l'air affairé, préoccupé.

Dans une rue où nous passons, tout un poste de soldats, revolvers à la ceinture, sort pour saluer le colonel qui est avec nous; son campement à lui est une grande maison, gardée par des sentinelles, et dont on a fait partir les habitants.

Il y a de beaux magasins dans ces jolies rues de sable fin, des maisons importantes, françaises, anglaises, allemandes, mais pour le moment beaucoup se ferment, la vie devenant très coûteuse, très difficile.

Presque toutes les maisons ont d'élégants jardins, ce qui égaie infiniment le pays. De temps en temps des chèvrefeuilles gigantesques, qui ont dépassé les limites, s'en viennent jusque dans la rue, ou bien de jolis rosiers grimpent entre deux maisons ; car là aussi les fleurs poussent à foison, ce qui étonne au milieu de ce sable, de ce pays sans terre, sans arbre, comme le commencement du désert.

Un petit chemin de fer Decauville traverse la rue principale, prenant à lui tout seul la moitié du chemin ; alors, tout à coup, sans qu'on y prenne garde, c'est un mulet, une voiture, un cheval qu'on a devant soi, vous barrant la route ; on n'a qu'une ressource, la raison du plus fort étant toujours la meilleure, entrer sous une véranda ou dans une maison pour les laisser passer.

Quoique toute la population soit dehors, courant çà et là pour des raisons quelconques, bien que le pays soit très mouvementé pour l'instant, tout se passe sans bruit, tout est tamisé par le joli sable doux qu'on a sous les pieds.

De leur côté aussi, les Hovas préparent la guerre à leur manière. J'ai eu l'occasion aujourd'hui de voir une très belle photographie de leur colonel ; c'est un gentleman des plus corrects, appelé Servington, aventurier de son métier, qui, las de courir le monde, ne trouvant plus rien à faire, s'en vient jouer ici au militaire. Mais pourquoi sont-ce toujours des Anglais, ces sortes de faux ennemis que nous rencontrons en pays de conquêtes, essayant de se mettre en travers pour nous barrer la route ?

Au moment où nous retournons sur la plage pour reprendre notre canot, nous voyons embarquer dans une chaloupe, accompagnés par des gendarmes, trois espions américains, amenés ici par un bateau allemand et qui passaient du côté des Hovas ; ils sont ligottés, garrottés, tellement que je me demande comment ils peuvent encore marcher ; ils vont, comme nous, regagner le paquebot, car on nous confie ce précieux dépôt avec ordre de le débarquer à Maurice ; c'est une terre anglaise, le reste ne nous regarde plus !... mais, s'ils ont le moindre désir de rentrer à Madagascar, ils y arriveront facilement.

La mer qui paraissait calme ce matin est devenue furieuse ; le vent s'est élevé et la rade est mauvaise, plus houleuse encore que de coutume.

En moins d'une minute nous voilà jetés d'une vague à une autre, de grandes masses d'eau se lèvent autour de nous, et cela vous engloutit, vous reprend à chaque coup de lame, faisant de notre canot comme une pauvre petite chose sans force, sans volonté;... malgré soi, on fait des efforts surhumains pour se retenir chaque fois qu'on se sent enfoncer dans ces gouffres.

L'accostage est pénible, on avance, on recule; c'est une manœuvre lente et difficile que celle-ci : prendre le bon moment pour accoster l'échelle; sur le pont tout garni de monde on nous regarde avec anxiété. Plusieurs fois nous tendons les mains pour saisir la bienheureuse corde de cet escalier, mais c'est comme une taquinerie des vagues qui nous reprennent et nous ressaisissent à chaque secousse, faisant craquer pitoyablement notre canot, en même temps qu'une grande gerbe d'eau nous inonde, nous laissant couverts d'eau salée.

Enfin, profitant d'une seconde où la lame nous soulève plus haut que jamais, je saisis la corde des deux mains, d'un bond j'attrape l'échelle, et je suis sur le pont!

EN MER

Et maintenant, le grand calme de la mer nous a repris tout à fait ; nous voilà au large, bien au large, comme disent les matelots.

Tout autour de nous, c'est du bleu : le bleu de la mer, le bleu du ciel ; c'est une étendue immense de choses très semblables, l'horizon et l'eau, qui par instants se confondent ensemble ; un grand repos pour les esprits, une grande halte au milieu des agitations de la guerre.

Et pourtant cela va finir, cette navigation aura peu duré, cinq jours seulement ; mais dès qu'on est en pleine mer, c'est une telle séparation d'avec tout l'univers, qu'on se croit parti depuis des temps infinis.

Notre pauvre paquebot a les airs tristes d'un bateau d'émigrants ; tout le pont est rempli de ce pauvre monde d'indigènes et de créoles, toute la gamme du noir au blanc, emmenés avec nous au départ et qui avaient l'ordre de quitter Diégo.

On était allé les chercher un peu partout, les dénicher très loin dans les campagnes, tous devenant des bouches inutiles avec la guerre de demain ; alors on leur demanda le nom de leur pays et comme beaucoup étaient de la Réunion, il fallut s'en retourner, repartir pour cette terre natale qu'ils avaient fuie, chassés par la misère.

Tous ces gens-là sont des passagers de pont, couchant à la belle étoile et se débrouillant comme ils peuvent pour la nourriture.

C'est un campement de bohémiens, très pauvres, que notre bateau, pour l'instant ! Tous les pauvres objets, vêtements ou autres, sortis de la case à la hâte, sont là, amoncelés sur le pont, empaquetés dans de grands morceaux d'étoffes, aux couleurs voyantes, le *pagne* traditionnel de tous les pays noirs ; ce sont des monceaux de paquets et de petites caisses mal ficelées avec des airs de déménagements très pauvres, et tout cela va ainsi au grand soleil, en plein jour, prend des airs misérables qui font peine à voir.

Aux heures des repas on apporte de grandes

platées de riz, l'éternel riz, que toute la famille dévore gloutonnement avec les doigts, assise par terre, en cercle, avec des petites manières de singes tout à fait comiques.

LA POINTE AUX GALETS. — ARRIVÉE DIFFICULTUEUSE

10 janvier.

Ce fut comme un affolement général, quelque chose comme une bagarre indescriptible que cette arrivée à la Réunion, ou plutôt à la Pointe aux Galets.

Nous étions arrivés le 10 au soir, à la nuit, et nous avions mouillé assez loin en rade, en attendant le petit jour pour être envoyés à terre.

Ce fut vers 6 heures du matin que nous vimes s'avancer, péniblement remorqué par une chaloupe à vapeur, le chaland, l'affreux chaland tout noirci de charbon, sorte de vieux radeau de la *Méduse,* qui devait nous emmener nous et nos bagages.

Cette Pointe aux Galets a vraiment mérité son nom : c'est un coin de terre desséché, aride, sans constructions, sans arbres, exposé à tous les vents et qui ne ressemble en rien au délicieux pays que nous devions trouver quelques heures plus tard.

Depuis longtemps déjà, le besoin d'un port se faisait sentir à la Réunion ; on a construit celui-là avec des bassins, des cales pour réparer les bateaux, un parc à charbon, tout cela assez important ; mais on l'a placé, on se demande pourquoi, si loin de Saint-Denis, la capitale, qu'il faut encore une heure de chemin de fer pour y arriver.

Toutes ces rades foraines de l'océan Indien sont généralement mauvaises, toujours houleuses.

Autrefois, quand on descendait à terre à Saint-Denis, la mer était toujours si forte qu'on vous mettait, pour débarquer, dans des barils que les nègres se passaient tout comme des tonneaux de marchandises ; je l'ai souvent entendu raconter par des marins et affirmer par des gens qui en avaient tâté.

Après les adieux du bateau, adieux aux officiers, à l'excellent et paternel commandant de l'*Iraouaddy*, on nous entasse à la diable sur le pauvre chaland, tous, les noirs, les blancs, nos émigrés, les bagages, les colis.

Et le remous, le grand remous de la mer nous entraîne très vite loin du bord ; les autres nous regardent partir avec pitié car nous avons l'air ainsi d'un grand amas de marchandises avariées, de très vieilles choses qu'on aurait sorties du fond de la cale.

Et le vent nous pousse et la houle nous soulève avec un peu de tangage et un fort roulis, régulier comme un lent balancement de l'eau.

Tout cela n'était rien en comparaison de ce qui nous attendait à l'arrivée.

J'en ai gardé un souvenir de cauchemar, quelque chose comme un mauvais rêve !

Ce débarquement du chaland et le sauve-qui-peut des bagages au milieu de ce peuple noir qui se rue sur vous comme une bande de sauvages, poussant des cris féroces, se battant, s'injuriant à la créole, s'interpellant par de gros mots, des injures grossières dites naïvement dans cette langue d'enfant, tout cela devait être assez curieux, assez amusant pour un spectateur inoccupé, mais pour les pauvres acteurs comme nous, c'était beaucoup moins drôle.

Le chaland nous avait déposés dans un des bassins, nous étions là comme au fond d'un puits..... Oh ! ces escaliers de pierre, immenses, raides comme des échelles, qu'il fallait gravir, entourés des porteurs de nos caisses, lesquelles menaçaient toujours de nous tomber sur la tête, ces escaliers sans rampes, sans parapet! et la foule noire qui rugissait, qui hurlait, car les nègres se croient toujours obligés de crier dès qu'ils travaillent le moindre peu !...

Et puis cette douane ! Un supplice d'un autre genre !... Des malles éventrées sans pitié, des pauvres bagages pillés, saccagés, des cordes coupées, des cadenas qu'on fait sauter, une vraie scène de sauvagerie jouée par des gens comme nous, qui se croient des civilisés.

Tout ce monde se presse, se débat pour arriver au train, car une fois celui-là manqué, il n'y en aura plus qu'un autre le soir seulement, et on devra passer la journée ici, dans cet endroit inhospitalier, au grand soleil, sans asile, sans abri.

Des gens cependant avaient eu pitié de moi et m'étaient venus en aide : un soldat d'artillerie, auquel le commandant m'avait recommandée,

— On a souvent besoin d'un plus petit que soi —

dont le bagage, étant très peu de chose, ne lui donnait pas de préoccupations, offrit de prendre les enfants sous sa protection; c'était mon bagage le plus précieux, mais le plus encombrant, celui-là; aussi j'acceptai son offre.

Il eut une idée géniale et partit en me disant :

« Madame, pour plus de sûreté, je vais les emmener à la gendarmerie. »

Puis un bon Monsieur, empressé, aux petits soins, qui se confondait en excuses, en indignations pour cette arrivée difficultueuse, dans son pays, « un pays si joli, si complet, qui allait se faire si mal juger par cette première impression »; et je fus obligée de le rassurer, de le consoler, lui affirmant que, chez moi, les impressions passaient très vite.

Le train est là; c'est la dernière émotion : tout le chaland court à la gare, toujours suivi de nos noirs dont l'excitation et les cris n'ont fait qu'augmenter.

Il y a aussi un tas d'autres gens venus on ne sait d'où, monde de noirs et de créoles comiques au possible.

Des *Madames* toutes noires, avec des ballons de cheveux crépus très récalcitrants, sur lesquels est perché un petit chapeau à la française, élégant et coquet; en général leurs robes sont claires, roses, bleues, blanches, beaucoup de choses dessus, le plus possible, et, surtout, ce qui est très apprécié, très bien porté, une forte épaisseur de poudre de riz sur tous ces visages noirs, embaumant atrocement le patchouli et le corylopsis.

Puis des jolis *Missieux,* très noirs aussi, portant des complets comme sur le boulevard, des chapeaux de toutes les formes, mais par exemple leurs bons gros pieds sont nus, dispensés qu'ils sont des supplices de la civilisation.

Une dernière bataille pour faire enregistrer nos caisses dans cette gare en miniature, un dernier assaut de coups de poings et d'injures.

De loin, par-dessus toutes ces têtes crépues, j'aperçois le gendarme bienfaiteur qui a gardé mes enfants ; il me fait signe qu'il va me protéger, qu'il se charge pour moi de jouer des coudes et de dire les gros mots nécessaires pour arriver.

Enfin, au moment de prendre les billets, un inconnu vient vers moi d'un air obligeant : il est envoyé par le capitaine C... pour me venir en aide et nous mener jusqu'à l'hôtel. Que ne l'avais-je vu plus tôt !

On se place comme on peut dans ce petit chemin de fer ; c'est un vrai joujou, il a les allures de ces petits trains qu'on tire des boîtes en carton, avec des wagons mal accrochés, peints en rouge, en vert, le joujou bon marché, le joujou de bazar, deux wagons pour six sous, quatre wagons pour dix sous.

On se demande comment il nous portera tous, nous et nos nombreux colis. Et il nous emporte, malgré tout, ce petit train ; il nous emporte même à une allure très respectable ; et voilà que, très vite, nous voyons défiler devant nous des villages, des campagnes, des montagnes ; nous passons même sous de petits tunnels taillés dans le roc, tout près de la mer : très joujoux aussi, ces tunnels.

Longtemps, nous longeons le bord de l'eau, de grandes plages interminables faites de galets gris, formant des étendues immenses, des montagnes presque, car la mer les pousse toujours.

De grosses vagues blanches, toutes mousseuses d'écume, arrivent de très loin, de l'immensité bleue du large avec de petites crêtes argentées, blanches aussi, qui augmentent à mesure qu'elles approchent de terre.

Toutes ces plages ont des airs abandonnés et la mer mouvementée, que rien ne gêne ni ne dérange, vient s'y étendre avec délices, en souveraine, en maîtresse absolue, laissant après chaque vague un grand sifflement d'eau, ce bruit étrange que font les lames en se brisant sur les galets.

Les montagnes se rapprochent, de jolies montagnes toutes bleues avec beaucoup d'arbres, de verdure, des choses très vertes, qui ont l'air de s'accrocher après, puis derrière elles, d'autres montagnes, absolument grises cette fois, dénudées, déchiquetées, qui font des découpures bizarres sur ce ciel, d'un bleu trop violent.

De temps en temps, une petite station, un court arrêt de cinq minutes; quelques noirs descendent, d'autres montent; un petit coup de sifflet aigu et notre joujou se remet en marche.

Enfin voilà la ville, des monuments, des maisons importantes, des casernes, un clocher : c'est Saint-Denis.

Une figure amie nous attendait à la gare, c'était le capitaine C..., qui fut mon sauveur et le meilleur des pilotes pendant les deux jours que je passai dans la capitale.

LA RÉUNION. — SA VIEILLE HISTOIRE

Rien n'est drôle comme la géographie de ce pays; moi, elle m'amuse, elle me passionne, la carte de cette curieuse petite terre. En disant *petite* je ne voudrais pas faire de peine aux habitants de ce délicieux endroit que, mieux que personne, j'ai aimé et apprécié au delà de tout.

Dans ses montagnes pittoresques, absolument splendides, poétiques et grandioses à la fois, j'ai eu, pour la première fois hors de France, la sensation que j'aimerais *vivre là,* et jamais je n'avais éprouvé cela nulle part.

Très sanctifiante aussi la carte de Bourbon avec tous les jolis noms qui l'entourent; c'est comme une constellation, une auréole sainte : Sainte-Marie, Sainte-Suzanne, Sainte-Rose, Saint-Philippe, Saint-Joseph, Saint-Pierre, Saint-Louis, Saint-Leu, Saint-Gilles et Saint-Paul.

Tous ces pays furent ainsi nommés à une très ancienne époque, celle des belles frégates à voiles, de la jolie marine du temps passé, des grands navigateurs. Les gens partaient bravement, sans ordre de retour, pour des années, souvent pour des temps infinis, à la découverte de pays inconnus, étranges, sans cartes et sans pilotes, et ils donnaient le plus souvent à la terre qu'ils découvraient le nom de leur bateau ou bien les noms des saints du jour où ils avaient atterri.

Ils se passionnaient pour leurs voyages, pour ces pays nouveaux, pour ces terres qu'ils allaient conquérir, tous ces marins d'autrefois; ils faisaient de belles et intéressantes choses, c'étaient des vies enviables que les leurs et qui devaient leur laisser des souvenirs autres que ceux qu'ils auraient gardés d'un temps comme le nôtre.

Nous qui n'aurons à raconter à nos petits-enfants, comme souvenirs de notre enfance, que les merveilles de la tour Eiffel et des expositions universelles, les histoires de Panama, les 14 Juillet et les voyages présidentiels !

Ah ! oui, cela devait être bien plus amusant d'être de l'époque de ces beaux bateaux de l'autre siècle qui portaient, au lieu de tous ces noms de guerre foudroyants et insolents comme ceux de nos jours, des jolis noms d'espoir, de poésie, de saintes choses.

Tels furent les noms des premiers bateaux qui partirent sous Louis XIV à la découverte de tous ces pays inconnus : l'*Étoile-du-Matin*, l'*Espoir*, l'*Heure-du-Berger*, la *Perle*, la *Sainte-Marie*, la *Vierge-du-bon-Port*.

Et puis elle est si curieuse, si drôle, l'histoire de cette île, — son histoire d'il y a très longtemps, alors que personne ne l'habitait encore, que les marins la connaissaient à peine, la désignant sous le nom de *Petite terre inconnue*.

Ces deux îles de Maurice et de la Réunion étaient sœurs, si près l'une de l'autre, si semblables, que les navigateurs les confondaient.

Elles avaient de jolis noms très français (l'Ile-de-France et l'île Bourbon) qu'on s'est empressé de leur enlever, avec cette férocité de notre époque de vouloir supprimer tout ce qui a été, détruire même en pensée des choses qui ont existé et dont le souvenir n'eût gêné personne.

J'ai lu des choses très intéressantes sur ce petit pays dans un gros livre très savant.

N'est-ce pas que cela paraît toujours étonnant

de penser qu'une femme puisse lire quelque chose de sérieux, un livre autre que des romans. Eh bien! je suis comme vous, cela m'étonne aussi, et même ce qui m'étonne le plus, c'est que nous puissions nous en souvenir; vous avouerez que je n'ai aucune illusion sur nos pauvres cerveaux de femmes, tout petits, pas compliqués et qui ne sauraient en retenir beaucoup à la fois.

Mon gros livre savant s'appelle : *Les Origines de l'île Bourbon et de la colonisation française à Madagascar*, par I. Guïet. C'est là qu'il est dit ce qui suit, au sujet des noms de saints donnés à toutes ces petites localités de la Réunion :

« Les appellations laissées aux différents points de la côte n'étaient pas un vocable de paroisse, comme on pourrait le penser. On les devait généralement au premier navire dont l'équipage avait campé à terre assez de temps pour que le souvenir de son nom restât fixé à la localité. De là viennent tous ces noms de saints qui donnent à la colonie un faux air de calendrier. »

Toutes les nations se disputèrent longtemps ce petit pays : il faisait envie à tous.

Les Portugais, les Hollandais y vinrent les premiers, mais n'y restèrent pas. Nous occupons

Madagascar depuis longtemps, depuis 1600 environ, que nous ne connaissions pas encore Bourbon ; des navigateurs y étant passés en avaient fait des récits si merveilleux, si enchanteurs, qu'on envoya successivement beaucoup de frégates avec mission de découvrir à nouveau cette île enchantée.

On la disait inhabitée, mais elle possédait tout ce que la nature peut produire pour rendre une population absolument heureuse.

Le plus drôle, c'est qu'on eut beaucoup de peine à la retrouver. N'ayant aucune carte exacte de tous ces pays, on s'imagina longtemps qu'il y avait là, en plus de l'Ile-de-France, alors appelée Sainte-Apollonie, deux îles différentes : une qu'on baptisait Mascareigne, du nom du navigateur portugais qui l'avait découverte, et une autre qu'on désignait sous le nom de Jean-de-Lisboa. Pendant tout le XVIIe siècle, les navigateurs s'acharnèrent à trouver cette troisième île imaginaire ; un d'eux eut un jour une émotion, il crut l'avoir découverte, ayant vu à peu près dans ces parages un papillon voltiger autour de son navire.

Ce fut d'ailleurs tout ce qu'on en vit jamais et, vers 1780, on se rendit compte que Mascareigne et Jean-de-Lisboa ne faisaient qu'une île :

Bourbon, déjà bien connue des Français et colonisée par eux depuis plus de cent ans.

Ce n'est donc pas d'hier que furent inventées les colonies et voilà déjà très longtemps que nous avons la déplorable habitude d'aller vivre loin de chez nous, quand on serait si bien au pays !

Très drôle, la façon dont les Français s'établirent à Bourbon : ce fut absolument par raccroc qu'ils vinrent y faire souche.

Sous Louis XIII, une compagnie de navigation, autorisée par Richelieu, envoya de Dieppe un certain Pronis avec des navires et des colons. Ils eurent d'abord la malencontreuse idée de s'établir à Sainte-Marie, où un tiers mourut des fièvres. Découragés, ils se rembarquèrent et vinrent s'installer à Tholongare où, pour se défendre contre les indigènes, ils bâtirent un fort qu'on appela Fort-Dauphin, en l'honneur de Louis XIV, enfant.

Un fort, c'était bien ; mais une fois enfermé dedans, Pronis, homme d'imagination vagabonde, trouva que ça manquait de femmes : il y suppléa en épousant une Malgache ; ce fut son malheur. De tous les coins du pays arrivèrent une nuée de cousins et arrière-cousins de Mme Pronis, réclamant des vivres, de l'argent, des cadeaux. Les ressources de la colonie allaient y passer ; les colons se révoltèrent et jetèrent Pronis en prison, pendant que la femme infidèle s'enfuyait avec ses compagnons. Heureusement pour Pronis, des renforts arrivèrent de France au bout de six mois ; il fut délivré et douze révoltés des plus dangereux furent déportés à la grande Mascareigne.

La pénitence fut douce, comme dans la chanson ; quittant un pays où ils avaient failli mourir de misère, on les envoyait comme punition dans un petit paradis où la maladie était inconnue et où ils vécurent abondamment des produits naturels de l'île. Et quand, quelque temps après, le successeur de Pronis eut l'idée d'aller voir ce qu'étaient devenus les *malheureux déportés,* il les trouva gros et gras, dans un état de santé d'autant plus évident que le vêtement leur faisait complètement défaut.

Au récit de cette aventure, l'imagination des colons de Fort-Dauphin s'exalta ; tous eussent volontiers rejoint leurs camarades et il y eut en effet un certain nombre de transfuges. Les bateaux de passage laissèrent aussi à Bourbon des déserteurs et des malades, et la population s'augmenta peu à peu. Mais tous ces gens-là étaient des hommes, rien que des hommes.

Un navire avait cependant, il est vrai, débarqué un jour dix noirs et trois négresses, lesquelles eurent un tel succès que, pour sauvegarder leur honneur de nègres, ceux-ci durent immédiatement s'enfuir avec leurs femmes dans les montagnes, où ils firent souche.

En 1667, un amiral compatissant, dont le nom mérite d'être conservé, Mondevergue, débarqua à Bourbon cinq jeunes Françaises. Inutile de dire que, quoique sans dot, elles ne furent pas d'un placement difficile : c'est d'elles que descend presque toute la population blanche de Bourbon, où l'on retrouve encore les noms de leurs maris, ce qui prouve à quel point cette colonie est profondément française.

Cependant la population masculine continuait à augmenter et, en 1671, la colonie ne comptait pas moins de deux cents Européens ; il n'y avait toujours que cinq femmes ; c'était peu comme vous voyez. Enfin les réclamations et les appels désespérés des colons furent entendus ; leur gouverneur Regnault, homme doux et généreux, écrivait à Colbert :

« Ne pourrait-on envoyer de France quelques pauvres filles, pour les marier avec des garçons qui attendent des femmes depuis si longtemps ? Si ces pauvres personnes étaient assurées de la bonté de cette île et du bien qu'on leur veut procurer, elles feraient certainement le voyage dans l'espérance du bonheur qui les suivrait dans un climat si doux. »

Cette demande touchante fut enfin accueillie par Louis XIV ; le grand roi, mieux que personne, pouvait compatir aux peines de ces sujets lointains ; il fut donc décidé qu'on enverrait à Bourbon un sérieux convoi de femmes. On en trouva, dans un orphelinat, seize qui consentirent à tenter l'aventure. Ce fut toute une odyssée.

Très mal traitées à bord de la *Dunkerquoise* par le capitaine de Beauregard, homme dur et brutal, deux moururent en route ; Beauregard s'en réserva une troisième. On arriva à Fort-Dauphin après une rude traversée ; là, les passagères refusèrent de se rembarquer, déclarant formellement qu'on les avait envoyées au loin pour les marier, qu'elles trouvaient des colons qui les voulaient pour femmes et qu'il était inutile d'aller plus loin. Le gouverneur de Fort-Dauphin n'eut pas le courage de résister aux demandes énergiques de ces jeunes filles et, malgré les ordres du roi qui avait destiné les passagères a Bourbon, on les maria à Fort-Dauphin.

De là, révolte et grève des femmes malgaches dont les colons s'étaient jusque-là contentés, complot, massacre de la moitié des blancs, blocus du gouverneur et des autres à l'intérieur du fort.

Le passage inopiné du *Pigeon-Blanc* vient les sauver ; tous s'embarquent à bord de ce navire qui les dépose dans une colonie portugaise, où la plupart des nouveaux ménages restèrent.

Deux seulement finirent par arriver à Bourbon en 1672, ce qui porta le nombre des femmes de la colonie à sept. Plus tard il en vint d'autres, les filles de celles-là grandirent et, petit à petit, la colonie se peupla.

Mon auteur insinue que les Parisiennes envoyées à Bourbon devaient être le dessus du panier au point de vue physique. A cette époque on faisait dans toutes les colonies des envois de femmes dont on ne pouvait pas toujours garantir la beauté, ce qui donnait souvent lieu à des réclamations, et Colbert avait reçu entre autres, des Indes, une lettre fort vive du gouverneur, se plaignant en termes amers de la mauvaise qualité du dernier envoi. « Si ces femmes, écrivait ce dernier, ne se marient pas plus vite, c'est qu'elles sont trop laides. » Le succès obtenu par celles de la *Dunkerquoise* fait supposer que celles-ci du moins devaient être jolies puisque, à toutes les escales, on se disputa la faveur de les garder.

A la longue, des colons sérieux, des familles nombreuses vinrent à Bourbon. Partout où ils s'établirent ils donnèrent des noms pittoresques qui tous avaient une raison d'être. On les retrouve encore aujourd'hui terrifiants, dangereux ou gais, selon leur légende : la pointe des Avirons, des Aigrettes, de la Ravine au Malheur, du Gouffre, des Orangers, etc.; la rivière des Pluies, des Chèvres, des Marsouins, du Bel-Air, etc.

Le pays alla toujours croissant et devint une de nos plus belles colonies, jusqu'au jour où la ruine arriva avec la suppression de la traite et l'apparition du sucre de betterave. Aujourd'hui, Bourbon est fini ; il y a encore de belles constructions, des maisons magnifiques, mais on sent que *vétusté* règne en maître dans ce petit pays dont les beaux jours sont passés.

De toutes ces jolies choses il ne reste plus qu'une grande misère, des noirs inoccupés, des propriétés abandonnées, et voilà ce que nous appelons le progrès colonial !!...

EN ROUTE POUR SALAZIE

Nous quitterons Saint-Denis demain matin, laissant ici, j'espère, les moustiques et la chaleur, la grosse chaleur lourde qui vous anéantit, vous laisse hébété, vous enlève toutes vos facultés.

Nous nous enfuirons vers ces montagnes de Salazie, très loin, dans le petit village d'Hell-Bourg : là où sont l'hôpital militaire, les eaux thermales, et où toute la population civilisée va se réfugier pendant les grosses chaleurs.

Oh! il a fallu beaucoup de pourparlers avant de décider ce voyage, beaucoup de difficultés pour nous et nos bagages, beaucoup de peine aussi pour retenir une servante, une négresse d'ici qui consente à monter, car là-haut il fait froid, et puis ces dames et ces demoiselles noires s'ennuient à la campagne ; on n'a plus la distraction de la ville et l'on se fait beaucoup tirer l'oreille pour partir dans les montagnes.

Rien n'est drôle et comique comme tout ce monde de noirs jouant au monsieur, à la dame et à la demoiselle, et se prenant tout à fait au sérieux.

Ah ! ils ont bien compris la liberté, tous ces bons nègres, voire même l'égalité et la fraternité, et ils en profitent à cœur joie.

C'est la servante de l'hôtel qui m'a procuré la mienne, une négresse amie. Nous avons eu une petite entrevue, on nous a présentées l'une à l'autre, on a discuté les prix, l'engagement, et nous avons fini par nous entendre.

« Tu veux, Madame, mi l'amène à toi, ça qu'il est mon amie, madame une telle » (je ne me rappelle plus le nom), m'avait dit la servante, apprenant que je cherchais une négresse.

« Oui, oui, amène-la. »

Et *madame ma bonne* m'arrive en effet avec un air très doux, une dame toute noire, une madame veuve même, car elle porte un énorme châle de cachemire, comme les veuves en ont en France, un grand châle qui lui va très mal et qui lui tient très chaud ; elle a même des bottines qui craquent, seulement je ne suis pas sûre qu'il y ait des bas dedans.

Nous causons dans un langage enfantin et naïf, dans ce jargon créole qui est une langue d'enfant amusante au possible, très émaillée de locutions maritimes, un peu du langage du matelot, puisque ce sont eux les premiers qui parlèrent notre langue dans ce pays ; on dit *amarrer, souquer, espérer, larguer,* et les expressions équivalentes, c'est à peine si les noirs les connaissent.

Nous nous tutoyons tous. Ma bonne consent à tout : soigner petits babas (enfants), « faire petit peu cuisine », et tout cela est dit avec des airs dolents, des balancements de tête et des mouvements très doux qui vous endorment et vous engourdissent.

Puis quand je lui dis l'endroit où nous allons aller, elle regarde sa compagne d'un air un peu effrayée et l'idée de ces montagnes fraîches la fait frissonner à l'avance ; elle se blottit dans son châle avec le mouvement de quelqu'un qui a très froid et, me montrant ses belles dents blanches, d'un gros rire, elle me dit : « Ça l'est froïd même là-haut. »

C'est entendu ; elle viendra demain matin au

petit jour avec ses malles et tous ses paquets ; je les vois déjà ces petits baluchons. J'en ai tant vu de ces déménagements de négresses, de ces paquets volumineux roulés dans les indiennes du pays, *amarrés* avec de petites cordes très fines, tressées en bourre de coco.

Nous avons retrouvé notre joujou de chemin de fer ; c'est lui qui nous a menés encore une fois.

Descendus au village de Saint-André, nous avons trouvé notre voiture, si cela peut s'appeler une voiture ; elle avait dû être calèche dans son jeune temps, mais à présent elle me semble n'en avoir gardé que le nom.

Trois bonnes petites mules, l'air un peu sauvage, vont nous mener jusqu'à Salazie, où il faudra relayer et changer nos bêtes.

Il y a là aussi, à côté de la nôtre, une voiture qui est la diligence ; elle est encore bien plus remarquable, celle-là ; c'est une espèce de break avec des formes tout à fait bizarres. Mais qu'importe l'attelage, pourvu qu'il nous mène.

La nôtre s'appelle un mylord ; c'est ma bonne qui m'en avertit, elle a conscience de l'importance de notre équipage ; aussi est-ce avec un certain mépris qu'elle regarde les autres voyageurs s'entasser dans la diligence.

Ce pays doit ressembler à quelque chose comme 1830 conservé, témoin cette voiture appelée mylord, et puis les noms prétentieux de l'époque de Mme de Staël qu'on donne encore volontiers ; pour un peu on porterait des manches à gigot.

Nous traversons tout le village de Saint-André ; c'est encore le bord de la mer, un peu desséché et brûlé par ce soleil ardent ; de grandes haies de cactus bordent les routes, de vrais remparts qui limitent bien les chemins ; nous dépassons les cases, les maisons, les routes poudreuses.

Les clochettes de nos mules font sortir joyeusement les habitants de leur intérieur ; de temps en temps c'est un énorme cochon noir qui dormait tranquillement dans la poussière et que nous réveillons en sursaut. Il se jette affolé dans les jambes de nos bêtes, pousse un grognement terrible et va rouler un peu plus loin.

Puis bientôt nous entrons dans la vraie campagne, débordante de végétation, éclatante de couleur ; c'est idéalement beau !... et pourtant cela ne ressemble à rien.

Nous côtoyons d'abord les montagnes avant d'y

entrer tout à fait ; ce sont des chemins étranges qui changent d'aspect à chaque tournant, des jolis chemins tout verts, abrités du trop grand soleil par de grands arbres très légers, des filaos, dont la verdure est fine et transparente, un peu comme les tamaris ; ça monte, ça descend, c'est plein d'imprévu ces chemins de montagnes.

Je ne sais plus le nom de ces villages, j'ai oublié ceux des routes ; je ne me souviens que d'une chose : c'est que mes yeux et mon cœur se reposaient délicieusement, oubliant pour un instant les angoisses de la veille et les soucis de demain.

C'était un tel régal pour la vue que ces montagnes verdoyantes ! ces routes semées de fleurs, ces fougères, ces lianes, ces mousses humides !... Il me semblait que je faisais un doux rêve, et de temps en temps je fermais les yeux, craignant de me réveiller trop tôt.

Notre mylord est lancé à toute vitesse, nos mules galopent gentiment et le bon noir qui conduit notre attelage sifflote avec joie.

Madame ma bonne, toujours drapée dans son grand châle, se prélasse fièrement dans le fond de la voiture, elle suit avec attention tous les mouvements de ma figure, mon étonnement et mon admiration ; elle est flattée évidemment, très touchée même de voir que j'apprécie son pays ; elle m'en raconte toutes les petites histoires, me dit le nom des ravines, des montagnes, les accidents, les événements qui se sont passés dans les endroits que nous traversons. Elle me dit cela doucement, d'un ton traînard et toujours avec cette manière naïve de parler ; et, comme je pousse souvent des exclamations de surprise et d'admiration, elle ajoute chaque fois :

« Vi trouve ça joli, mon pays ? Oh ! ça l'est beau, beau même !... »

Toutes deux, *madame ma bonne* et moi, unies dans le même sentiment, nous promenons nos regards admirateurs tout autour de ces très belles choses.

Devant nous passent les ravins, les routes à pic, les grands précipices où sont entassés des fouillis de verdure, des arbres de toutes sortes ; nous en côtoyons les bords, poussant des cris de frayeur à chaque tournant.

De temps en temps c'est une case au toit de chaume, toute seule sur le bord du chemin, avec de jolies fleurs de France, des petites roses sauvages qui grimpent tout autour.

Nous passons sur des ponts de fer, immenses, suspendus au-dessus de grandes rivières, pour l'instant à sec et qui deviendront torrents d'ici peu, à la saison des pluies.

Tout d'un coup nous voilà comme enserrés dans de grands couloirs: ce sont les montagnes qui se resserrent; les voici très près de nous cette fois. De très haut, coulent des milliers de petites cascades, toutes minces comme des lacets d'argent qui serpentent dans cette verdure.

Oh! oui, elles sont belles, elles sont délicieuses, ces montagnes de Bourbon; par instant elles deviennent toutes bleues, poudrées de nuages blancs très légers, des petits nuages qui ont l'air de s'envoler et de vouloir se poser partout. Tout cela est reposant, beau à voir, sans jamais se lasser!

. . . .

Vers 11 heures nous arrivons au village de Salazie et à midi et demi nous sommes à Hell-Bourg.

UNE LETTRE POUR FRANCE

Hell-Bourg, février 1895.

Ma chère amie,

Vous verrez par cette lettre que j'ai franchi encore une nouvelle étape. Je pense que ce sera la dernière avant mon retour en France.

Voilà un mois que j'ai quitté Diégo ; mon mari devait partir peu de jours après nous pour Majunga. Depuis ce temps-là, je n'ai pas eu la moindre nouvelle ; on a dû bombarder la ville avant d'y installer les troupes, et nous ne savons rien...

Ai-je besoin de vous dire si ces jours d'attente sont douloureux ? je me sens si misérable, si perdue, seule ici avec mes enfants ; et pourtant je vais avoir pas mal d'occupations avant mon départ, car vous savez peut-être que j'attends le bébé n° 3 pour le mois de mars. Oh ! le moment n'est pas précisément choisi, mais croyez-vous qu'on le trouverait jamais, si on avait le droit de le choisir? Cela me fera rentrer en mai, j'aurai juste un an d'absence. C'est ce que j'avais promis aux miens.

Nous avons ici un hôpital militaire, des religieuses et un jeune médecin qui, dit-on, s'est fait remarquer au Soudan pendant les dernières campagnes; mais les soldats, que je sache, n'y mettaient pas d'enfants au monde! J'espère que ma bonne étoile ne m'abandonnera pas encore cette fois.

Nous sommes ici trois femmes de militaires dont les maris sont à Madagascar; nous menons des vies de femmes de devoir à rendre des points aux plus sérieuses, vivant comme des béguines, également occupées et préoccupées de nos enfants dont on pourrait faire une crèche.

C'est un bon village que celui où nous habitons: une seule rue, des maisons perchées de chaque côté; car nous sommes complètement dans les montagnes, quelquefois dans les nuages. Si je connaissais la Suisse, je vous dirais que c'est tout à fait cela; mais n'y étant jamais allée, je n'ose vraiment broder là-dessus, ce ne serait pas honnête!

Tout ce que je puis vous dire, c'est que ce petit endroit est délicieux, niché dans le creux des montagnes, au milieu de la verdure, des cascades et des fleurs. Mais je suis seule à profiter de toutes ces choses et je regrette presque Diégo ; je crois bien que j'ai laissé dans ce pays mon entrain, ma vaillance et ma gaîté !

Vous devez avoir beaucoup d'amis qui feront partie du corps expéditionnaire, car tout le monde, je le vois, veut prendre part à cette fameuse campagne.

Que sera cette marche militaire vers Tananarive, la ville sainte, la capitale ! où tous les Hovas réunis nous attendent avec anxiété ?

L'ennemi le plus terrible, croyez-moi, sera la fièvre, bien plus difficile à vaincre que tout le reste.

Quant aux troupes qui maintenant occupent les côtes, elles ne seront plus bonnes à rien quand viendra le mois de mai. Pauvres gens ! ils auront eu la plus mauvaise part, car ayant été beaucoup à la peine, je crains fort qu'ils n'aillent pas à l'honneur.

L'état sanitaire de Tamatave est déplorable ; on fait monter ici à chaque courrier quantité de soldats minés par les fièvres et dont la vue seule fait peine à voir. Que sera-ce dans trois mois ? que va-t-on faire ? tiendra-t-on sur les côtes jusqu'en mai ? Si l'on prenait à ce sujet quelques sages mesures, vous le sauriez avant nous.

Beaucoup de gens venus de Madagascar un peu

de tous les points, commerçants ou autres, dont les affaires sont interrompues, viennent se réfugier dans les montagnes de Salazie.

Notre petit hôtel de la Source est plein; on dresse des lits partout; moi-même j'y suis installée depuis un mois, n'ayant encore pu trouver la moindre petite case.

Mon voisin de table est un explorateur de passage à Bourbon, M. Wolff; il a déjà beaucoup voyagé à Madagascar et vous en entendrez sans doute parler. A part ses petites drôleries de costumes qui le font vaguement ressembler à M. Vieuxbois à la recherche de la belle Elvire, c'est un aimable causeur, intelligent, très instruit et vraiment pas trop raseur pour quelqu'un qui a couru le monde. Tous les jours, il part en promenade, avec des guides, pour explorer très sérieusement les montagnes environnantes; il a soin, avant son départ, de faire envoyer aux enfants une corbeille de framboises sauvages cueillies dans la montagne par son boy, un petit nègre qu'il a acheté je ne sais où et qui le suit partout. Les enfants ont la reconnaissance de l'estomac généralement, aussi les miens appellent-ils cet aimable voisin : « le monsieur aux framboises ».

La température est délicieuse ici : le matin et le soir il fait très frais et, dans la journée, c'est un beau jour d'été comme en France. Que de jolies choses on eût pu faire dans ce pays : construire des installations, des cases un peu plus confortables et coquettes, planter des jardins potagers, car tout pousse ici, et les légumes qu'on ne cultive pas sont déjà délicieux. Les roses, les fraises, les violettes et les petits pois viennent gentiment partout où on les met ; les héliotropes croissent à l'état sauvage et les camélias sont grands comme des arbres ; mais la nonchalance des noirs et des créoles est effrayante, et tout ce monde, paresseux à faire frémir, a de grandes prétentions dès qu'il s'agit du paiement.

Notre courrier de France est arrivé aujourd'hui ; nous apprenons la démission de M. Casimir-Périer ; ce n'est donc pas seulement ici qu'il se passe de tristes choses ?... Au revoir, chère amie ; je quitterai ce pays, si tout va bien et si Dieu me prête vie, au commencement de mai ; je serai donc à Paris en juin.

L.....

NOTRE CASE

Ce n'était pas qu'elle fût bien élégante, bien coquette, ni même confortable : non, elle n'avait rien de tout cela ; c'était tout bonnement une de ces petites maisons comme en ont les ouvriers dans une honnête aisance, avec, en plus, l'apparence bien coloniale des cases de ces pays-là.

Elle était perchée tout au bord de la route, comme adossée à la montagne, et c'était la roche grise, très dure, un peu verdoyante par endroits, qui servait de murailles à notre petit enclos. La véranda formait comme une espèce de terrasse assez élevée, dominant la route, et soutenue par un mur en pierre qui nous servait en même temps de parapet et de clôture.

C'était là que nous passions la plus grande partie de nos journées, là qu'on guettait la diligence arrivant chaque jour, nous apportant les lettres, les nouvelles, les commissions et les paquets envoyés de Saint-Denis. C'était la grosse émotion de la journée, tout le monde allait à l'arrivée de la voiture pour y chercher un parent, un ami, venant se reposer quelques jours à la fraîcheur de ces montagnes.

La diligence remontait toute la rue allant jusqu'à l'hôpital militaire, y déposer les officiers et les soldats malades, ceux qui du moins étaient assez forts pour supporter les cinq heures de voiture. Oh! ces pauvres figures amaigries, ces joues creuses et ces mines de fiévreux! toutes les fois, j'avais la même peine à les voir défiler devant moi.

PETITS BABAS

Une assez bonne personne après tout que *madame ma bonne;* seulement, la poussière la laissait très indifférente et la civilisation encore bien plus !

Elle s'était attachée à moi et, loin de vouloir me quitter, comme je le craignais, elle m'avait fait adopter ses deux *babas,* deux négrillons très drôles, qui ne me quittaient jamais et qui étaient devenus les compagnons de jeux de mes enfants; je ne faisais pas un pas sans mes quatre enfants; deux très blancs, et deux très noirs.

Le jour où nous devions entrer chez nous, elle m'avait raconté d'un ton larmoyant que son petit baba, à elle, laissé à la ville aux soins des voisins, était devenu tout triste depuis qu'il n'avait plus de maman.

C'était une rusée, elle savait comment me prendre et quelle corde il fallait faire vibrer. Je n'hésitai pas et je lui dis tout de suite, un peu attendrie de son récit : « Fais-le monter, tu le prendras avec toi à la case. »

Alors très vite, aussi vite que peut aller une négresse, elle courut chez *monsieur l'épicier,* dont les charrettes montaient de Saint-Denis deux fois par semaine, commander son petit *baba;* on l'amènerait avec les provisions.

Le surlendemain, ladite charrette s'arrêta sur le chemin, juste en face de notre maisonnette.

Ce furent d'abord des poignées de mains, des échanges de politesses, des bonjours vraiment très corrects entre le noir qui conduisait les mules et *madame ma bonne;* puis on déblaya un peu la charrette et, entre deux sacs de pommes de terre et une provision d'oignons, on dénicha le colis en question; seulement, figurez-vous qu'il avait fait des petits : au lieu d'un seul on en découvrit deux !!! Il était même très drôle le second, tout petit, frisé comme un mouton, un vrai nègre en chocolat.

La mère me regarda un peu confuse, elle n'avait pas osé m'avouer celui-là.

« Tu sais, Madame, n'a plus de maman li ; ma sœur l'a fini mourir ! l'a donné à moi ! même chose mon petit *baba.* »

Elles sont généralement bonnes mères, toutes ces négresses ; celle-ci me raconta son boniment, si drôlement, avec une telle naïveté, que j'en fus touchée, et le second négrillon fut adopté comme le premier.

Le dimanche, tout le monde se faisait très beau, les dames de l'endroit tout à fait sur leur trente-et-un. On étouffait dans des corsages de soie, on éclatait dans des collerettes montantes très serrées au cou, chacun s'en trouvait très mal à son aise, mais au moins de cette façon on était habillé comme en France ; on ressemblait aux dames des journaux de modes reçus par le dernier courrier. Je vous dirai même qu'il y en avait de très charmantes, pas du tout à dédaigner, de ces jeunes femmes créoles qui se pressaient dans les bancs de l'église, à la grand'messe de huit heures, venues là aussi pour chanter à l'orgue de grands airs compliqués.

L'église était toute en bois, très large, très spacieuse, comme une belle chapelle coloniale. Un peu plus loin derrière se trouvait le cimetière ; ce petit champ des morts était plein de gai soleil, tout entouré de grandes montagnes, avec des jolies fleurs qui poussaient à l'aventure, dans les allées comme sur les tombes.

Madame ma bonne aussi se faisait très belle pour les offices du dimanche; elle remettait ce jour-là son grand châle de veuve, sa robe en cachemire et ses bottines neuves. En semaine elle était moins élégante, par exemple, laissant ses pieds en liberté et usant jusqu'à la corde certaines blouses de toile qui n'avaient rien d'une madame.

Ses petits aussi, elle les endimanchait, et quand on les avait lavés, briqués comme des marmites, on leur mettait des habits de toile blanche qui les faisaient paraître encore plus noirs, ayant tout à fait l'air, cette fois, d'avoir été passés au Nubian.

Alors, toute l'après-midi, c'était une grande fête, car on s'en allait faire l'école buissonnière très loin avec tous les enfants du village, dans des sentiers perdus, des chemins de chèvres qu'eux seuls connaissaient et par où seuls passaient, en se glissant comme des serpents, leurs petits corps grêles.

BOTANIQUE DE PETITS NÈGRES

Quelquefois aussi nous faisions de grandes promenades dans les montagnes, après les heures d'école, car mes enfants d'adoption, mes petits bibelots noirs, passaient de longues heures sur les bancs de la classe, épelant sans le moindre entrain *b a ba, b o bo,* connaissant, pour leur malheur, toute l'horreur de l'école laïque et obligatoire. Eux qui étaient faits pour vivre dehors, au grand soleil, en plein air, comme les plantes de leur pays; quelle injustice que de vouloir leur apprendre la grammaire et l'histoire de France!

Ils s'en allaient bravement, marchant les premiers, comme de petits hommes, nous servant de guides, en général. C'est qu'ils connaissaient très bien le pays, donnant des noms aux moindres petits chemins, aux sentiers de montagnes, aux cascades, traversant habilement les rivières et les torrents que nous rencontrions, barbotant dans l'eau comme les poissons chez eux.

Quand il n'y avait pas de ponts, vite ils couraient chercher des grosses pierres, les traînant jusqu'à nous avec des exclamations, des gros soupirs, pour bien me montrer que c'était lourd, que ça leur donnait de la peine, mais qu'aussi ils étaient très forts ; puis, triomphalement, quand ce pont de pierre était terminé, mes guides nous faisaient signe d'avancer, offrant leurs mains, tout leur petit corps faible pour qu'on s'appuyât dessus.

Je remerciais beaucoup, faisant force compliments et, quand on rentrait au village, je leur payais des bâtons de sucre, tout parfumés de vanille, qu'on achetait chez l'épicier, l'unique marchand, le même qui nous vendait de la moutarde, des bananes et des allumettes.

Souvent aussi, on cherchait des plantes, des fleurs qu'on rapportait pour mettre dans le jardin, où tout poussait si vite qu'on avait plaisir à cultiver la moindre chose. Il y avait aussi des fraises des bois, des framboises sauvages ; dès qu'on apercevait un de ces petits points rouges, que ce fût très loin et très haut, n'importe, ils bondissaient comme des petits singes, s'accrochant à la pierre, aux arbres, aux lianes et fièrement rapportaient leur butin, voulant à peine y toucher, par discrétion. Et à les voir ainsi, courant si lestement, agiles et joyeux, je me disais que, vraiment, ce pays de soleil et de verdure avait été fait pour eux, à moins qu'ils n'eussent été faits pour lui ; c'étaient les vrais enfants de la nature.

Moi-même je m'amusais à écouter les explications que me donnait le plus grand sur les propriétés des herbes et des plantes que les noirs du pays emploient pour les maladies, la fièvre et les bobos. Il était très fort là-dessus ce bambin, qui pouvait bien avoir huit ou neuf ans, l'autre n'en avait que cinq, et d'un air très sérieux, avec son drôle de petit langage créole, il me faisait tout un cours de botanique que j'écoutais avec un grand intérêt.

Il ne les trouvait pas toujours tout de suite, les plantes dont il m'avait fait la description ; quelques-unes ne poussaient que dans l'eau, ou bien très haut dans la montagne, ou même encore près de certaines cascades, à côté d'autres plantes qui lui servaient comme d'indication ; et, pour me consoler de ne pas me les montrer immédiatement, pensant que ce serait un regret pour moi, il me promettait d'y aller un autre jour, de me les apporter bien sûr.

On s'attardait souvent dans ces découvertes de plantes, dans ces promenades à l'aventure, car ces petits mâtins, les blancs comme les noirs, m'entraînaient quelquefois très loin à travers des chemins inconnus, eux qui couraient comme des lapins, pensant toujours qu'on était à cinq minutes de la case.

Moi, je me laissais faire, redevenue enfant, à force de vivre seule avec eux ; je parlais leur langage, nous jouions ensemble et tout cela était comme un repos d'esprit, un moment de répit au milieu des grandes inquiétudes qui allaient me reprendre, dès que j'aurais quitté le calme de ces montagnes.

LE VILLAGE

On suit d'abord tout le chemin du village, l'unique rue, où sont étagées de chaque côté les maisons d'Hell-Bourg ; petites cases plus ou moins importantes selon leurs possesseurs ; les plus jolies n'étant pas louées, mais habitées par les propriétaires.

Presque toutes ont des jardinets qui viennent jusque sur la route et dans tous, c'est une profusion de fleurs qui embaument : bégonias gigantesques, violettes parfumées que l'humidité de la nuit et la rosée du matin se chargent de faire fleurir toute l'année.

Et tout de suite la montagne commence, montant très droite, comme un grand éventail, couverte, elle aussi, de choses verdoyantes et de ces fines cascades argentées qui font un bruit discret, un murmure assez doux qui semble venir de très loin. Quelquefois aussi, on l'entend très près de soi ce petit bruit, c'est tout bonnement une source qui traverse la route ; elle passe là sous vos pieds, si gentiment, si discrète, si imperceptible, qu'on n'a pas envie de lui en vouloir.

Une autre descend tout le chemin menant à l'église ; si limpide, si transparente, avec ses petites plantes d'eau semées de fleurettes blanches, du cresson, des mousses, un tas de jolies choses dans ce ruisseau bruyant et agité, car elle coule très vite, un peu affolée, la petite source ; elle passe devant plusieurs maisons et les habitants l'enjambent simplement en rentrant chez eux, sans jamais la maudire ; puis elle s'en va se perdre dans une grande rivière qui, elle, fait un bruit terrible en dégringolant la montagne et roule tout écumeuse sur des grosses pierres noires.

Nous avions tant manqué d'eau à Diégo, nous n'en avions pas vu pendant des mois, à moins d'aller très loin, et de s'exposer aux surprises des caïmans, que c'était pour nous une vraie joie de voir tous les jours ces cascades, ces sources, cette jolie eau pure et transparente, qui se perdait ainsi ; car cela me choquait de la voir couler pour rien, il me semblait qu'on la gâchait.

Le jour de mon arrivée, en passant devant la grande source du pays, qui coule de très haut sur le chemin et qui est la fontaine publique à laquelle tout le monde vient puiser, je m'écriais désolée :

« Ah ! voyez donc toute cette eau qui se perd ! »...

(Tiens ! mais nous nous sommes trompés de route ; c'est la faute de la petite source ; et ce n'est pas là du tout que je voulais vous conduire. Remontons le petit sentier et nous serons de nouveau sur le grand chemin d'Hell-Bourg.)

Tout à fait au bout, sont les constructions sérieuses de l'endroit ; celles qui ne ferment jamais, pour lesquelles il n'y a ni bonne, ni mauvaise saison et dont les habitants restent là toute l'année : l'église, le presbytère, l'hôpital, le logement du médecin et celui des sœurs.

Étrange et délicieusement coloniale, la maison du docteur, absolument celle de Lakmé.

La porte d'entrée, la véranda, la case tout entière se perdent dans un fouillis d'arbres et de verdure ; des lianes sauvages, des grosses pervenches bleues, une foule de fleurs curieuses, particulières au pays, poussent là en liberté, grimpant partout.

Et sur toutes ces jolies choses, un peu dans tous les coins du jardinet, des petits jets d'eau discrets pleurent silencieusement.

C'est là que tout le village défile chaque matin pour un bobo ou pour une fièvre, et c'est au jeune médecin de la marine, en service à l'hôpital, qu'incombe pour ainsi dire la responsabilité de soigner tous ces pauvres gens ; un rude métier et dont les deux docteurs que j'ai connus ici s'acquittaient, je vous assure, avec un soin touchant.

Les sœurs aussi vivent à côté, dans un petit asile de paix, un coin tranquille et calme, tout près du médecin, plus près encore des malades qu'elles soignent.

Nous leur faisons souvent notre visite, ces dames et moi, avec tous les enfants, comme dans les villages de France où l'on va voir la société, dont M. le curé et les bonnes sœurs.

A voir le jardinet si propre, les treilles de raisin, les fleurs alignées en bordure, le jet d'eau monotone, tombant dans un bassin de poissons rouges, on se croirait bien loin, dans n'importe quelle campagne de chez nous.

Pas de bruit, pas d'agitation et pourtant on est

nombreux à la maison : l'école des petites négresses, orphelines la plupart, travaillant à la couture ; des sœurs, malades elles-mêmes, venant souvent de très loin, qu'on envoie ici à l'abri des fièvres se refaire un peu pendant quelques jours ; il faut être si atteint, chez elles, pour retourner en France. Elles vont et viennent au jardin, s'occupant avec les autres ; souvent nous les trouvons présidant à la lessive, leurs manches de toile relevées jusqu'aux coudes ; elles savonnent, rincent et tordent le linge avec ardeur, et cela fait de la grosse mousse blanche plein les chaudrons de cuivre.

On va chercher la mère supérieure et, avec politesse et timidité, la sœur insiste pour qu'on entre au parloir. Et cela m'amuse de retrouver ce petit salon de couvent ; il me semble que je suis redevenue tout d'un coup une pensionnaire, avec mes cheveux dans un filet et mon tablier noir.

On nous apporte de grands fauteuils imposants recouverts de housses blanches — je parierais que dessous il y a du velours bleu, — on nous donne aussi des petits carrés de tapisserie pour mettre sous nos pieds, car c'est ciré, tellement ciré, que les enfants s'y jettent par terre toutes les fois.

« Si ces dames veulent s'asseoir, notre mère va venir. »

Mais, justement, ces dames ne veulent pas s'asseoir, c'est si cérémonieux, si intimidant ce petit parloir; nous aimons mieux le jardin.

« Nous resterons dehors, ma sœur, ne vous tourmentez pas. »

Et alors, vite — car on est si poli dans les couvents : — « Enfants, des sièges. »

La sœur frappe dans ses mains, pas très fort, presque avec précaution. Deux petites négresses, orphelines de la maison, nous apportent des chaises de paille, et nous nous asseyons pour attendre la supérieure.

Quelle cure de calme, quel repos bienfaisant pour les énervés et les agités qu'un instant passé dans ce couvent ! Nous-mêmes, nous parlons bas comme dans une église, contemplant silencieusement la vierge de plâtre un peu verdie, qu'on a placée naïvement à côté du jet d'eau, en compagnie des poissons rouges. Son expression de calme et de sérénité est un peu la même que celle de toutes ces sœurs, dont la vie s'écoule paisible, mais remplie, dans ce petit logis monotone.

Dès qu'on a dépassé ces deux maisons, on

tourne brusquement et l'on traverse un petit pont de bois un peu vermoulu qui passe sur la grande rivière. Une *embarateuse* celle-là, comme disent les créoles ; ce n'est pas qu'elle possède énormément d'eau, ni qu'elle soit très profonde : non, elle fait surtout beaucoup de bruit pour rien, tombant avec fracas, sautant d'un rocher à l'autre, arrachant tout sur son passage, laissant après elle de l'écume, de la mousse qui monte dans l'air comme une vapeur blanche.

Et maintenant un grand cirque immense, formé par toutes ces montagnes ; beaucoup d'espace, de l'air, du soleil, le ciel bleu devant soi. On n'est plus enserré dans ce grand couloir comme dans le village ; c'est un véritable changement de décors, des petites routes en lacets, de très petits chemins qui s'accrochent à la montagne, nous mènent directement à la source d'eau thermale, une source chaude, ferrugineuse, qui a une vraie réputation et qui est du reste très agréable à boire.

Il y a toute une installation pour les bains, des douches très bien organisées ; le matin, toute la population en villégiature à Hell-Bourg descend boire son verre de cette eau réconfortante, très appréciée aussi des Anglais de Maurice, qui viennent le plus possible, c'est-à-dire rarement, à cause de ces stupides quarantaines qui sont une taquinerie perpétuelle entre les deux îles, rendant très difficile le voyage de l'une à l'autre.

De temps en temps, en allant à la source avec les enfants, nous rencontrions un vieux gentleman qui se faisait conduire dans la petite chaise à porteur du pays, qu'on emploie généralement pour les explorations ; il paraissait se trouver très bien de son traitement, était frais et rose, quoique relevant, disait-il, d'une grave maladie.

Il n'y avait pas que cette source dont les habitants d'Hell-Bourg et de l'île étaient fiers : ils en avaient une autre, tout à fait de l'autre côté de la montagne, à Cilaos ; mais on y allait peu, le pays ne possédant pas de médecin, on n'osait guère s'y aventurer et s'y soigner à l'aveuglette ; cette eau, assez vigoureuse comme effet, est, de plus, une source froide.

Que de choses encore j'eusse aimé voir dans ce curieux pays; rien que d'entendre les créoles et les voyageurs en parler entre eux, dire les jolis noms des plaines et des montagnes, j'étais prise de désespoir à l'idée que je ne les verrais pas.

C'étaient : le fameux Piton des Neiges, la plaine des Palmistes, d'où l'on dominait tout l'horizon de la mer, la plaine des Cafres, le pays du Grand-Brûlé, tout à fait sur la côte et où se trouvait le volcan.

Loin de ressembler à celui dont il est question dans cette jolie pièce de Gondinet : « Malheureux ! ils avaient un volcan et ils l'ont laissé éteindre ! » celui-ci n'était pas éteint du tout. Souvent même, pendant les grandes marées, il se passait, racontait-on, des choses merveilleuses et effrayantes : une grande lutte terrible entre la mer, qui voulait à tout prix éteindre et ensevelir cette montagne de feu, et le volcan, qui crachait avec fureur de la cendre et des pierres, usant de toute sa force pour refouler cette mer envahissante.

Et longtemps cette bataille continuait, les forces étant presque égales. De grandes vagues se dressaient, comme un cheval qui se cabre, sur la malheureuse montagne, laquelle se défendait de son mieux, brûlant tout le pays d'alentour, faisant fuir les noirs effrayés, mais combattant courageusement pour garder sa place au soleil.

Petit à petit, les choses finissaient par se calmer et tout rentrait dans l'ordre, comme sur un avertissement d'en haut ; la mer s'apaisait, les grandes vagues diminuaient et, devenues de petites lames toutes simples, elles s'en retournaient honteusement se perdre au large, dans le grand infini de là-bas.....

LE PETIT CHAT

Elle ressemblait beaucoup à ces petits chats pelés et couverts de suie, qui se pelotonnent au coin des cheminées de pauvres. C'était une petite négresse, encore plus noire que les autres, si noire que je ne savais jamais de quel côté elle était tournée. Je la faisais parler pour voir ses yeux qui brillaient et sa rangée de dents blanches qui servait comme de phare à toute sa petite personne.

Elle pouvait bien avoir dix ans, ne sachant pas son âge au juste, comme tous les noirs, qui ne comptent pas les années et vivent tout de même, sans calendrier.

C'était la bonne de ma bonne (cette dernière s'étant plainte qu'elle avait beaucoup à faire, moi, qui ne la contrariais jamais, je lui avais donné cette petite servante, dont la principale occupation était d'aller chercher de l'eau à la source); elle faisait ça toute la journée, le matin, le soir, par la pluie comme par le grand soleil.

De la véranda, où j'étais souvent, je la voyais passer, vêtue de pauvres loques toutes noires comme elle, qui montraient ses genoux et qu'elle appelait sa robe. Elle rapportait sur sa tête une grande cruche pleine d'eau, trop lourde pour son petit corps faible, et cela dégouttait comme des larmes sur ses épaules, sur son dos, sur ses mains maigres sans qu'elle y prît garde jamais.

Et toujours cette mine de petit chat qu'on a beaucoup battu et qui a été très mouillé. En la voyant si misérable, si pauvrette, il me prenait des envies de l'adopter tout à fait celle-là, de la recueillir un peu comme on ramasse les animaux martyrisés que des gamins vont jeter à l'eau avec une pierre au cou. Mais son père était un ivrogne, un mauvais noir, qui m'eût sans doute demandé beaucoup d'argent, que je n'avais pas, pour me vendre son rejeton; alors je renonçai à ce projet.

Quelquefois elle n'y tenait plus et, oubliant l'importance de ses fonctions, elle se mettait à courir, à faire des parties de cache-cache folles;

je l'encourageais au lieu de la gronder et ça me consolait un peu de la voir rire et jouer tout comme les autres. Je ne sais même pas si elle avait un nom; nous l'appelions toujours le Petit Chat.

NOS LETTRES

Mars.

Les jours de courrier étaient des jours d'attente et de grosses émotions. Pas rassurantes et déjà terribles, les nouvelles qu'on recevait de Madagascar. Les troupes arrivaient en masse et, avec elles, la maladie, les fièvres, qui causaient de grands ravages.

Ces jours-là, la diligence était toujours en retard, ayant pris des voyageurs en grand nombre, sans compter tous les sacs de lettres à distribuer aux pauvres exilés des montagnes.

Je ne sais trop pourquoi, les gendarmes nous avaient pris sous leur protection ; nos lettres, avec le grand cachet du corps expéditionnaire, les avaient impressionnés et cela leur faisait l'effet de papiers militaires, en sorte qu'ils nous les distribuaient gravement, un peu comme des procès-verbaux.

Nous étions donc servies les premières, moi surtout, dont la maison était à côté de la poste. Pauvres lettres ! on les avait tant attendues et cependant on ne les ouvrait qu'en tremblant.

Bien plus pénibles encore, les jours où le gendarme passait devant la case, faisant signe qu'il n'y avait rien pour nous.

BÉBÉ

18 mars.

Elle était venue au monde, la pauvre toute petite, un mauvais soir de pluie, par une nuit d'orage terrible.

Des jeunes femmes amies m'étaient venues en aide, prenant mes enfants chez elles et passant la nuit avec moi. Comme on est hospitalier dans ces colonies! comme on s'aide mutuellement! et Dieu sait qu'on a besoin les uns des autres et que les services qu'on se rend ne sont pas superflus.

Les enfants qui vinrent le lendemain matin furent étonnés de cette petite sœur, l'attendant de France comme un colis qui arriverait par la diligence; cependant, Jacques, plus poétique et plus naïf, n'hésita pas à penser que les anges l'avaient apportée la nuit, sur leurs ailes.

Ce bébé était, comme beaucoup de ses pareils, ni

très laid, ni très joli, tenant le milieu entre une petite souris et un petit lapin également nouveau-nés.

On lui donna des noms baroques qui désolèrent les assistants et qui pourtant avaient tous une raison d'être : « Que voulez-vous ? leur répondis-je, tant de gens faisant de longs voyages rapportent des bibelots de prix, des souvenirs, des coquillages ; moi, je reviens avec des enfants ; ce ne sont pas des noms que je leur donne, mais des étiquettes simplement, pour qu'on sache le pays où ils sont nés. »

Cependant Bébé eut un petit nom malgache, car elle était plutôt de Madagascar. On lui choisit un parrain qui fût de la marine aussi et une marraine de France, dont la très sûre amitié à tous deux lui porterait un peu bonheur dans la vie.

Il y eut, pendant quinze jours, des pluies torrentielles, un vrai déluge venant des montagnes et qui avait l'air de vouloir nous engloutir tous. Les habitants étaient terrifiés ; pas moyen de fuir, toutes les communications étant coupées.

La diligence ne montait plus ; les routes effondrées en plusieurs endroits, les poteaux du petit télégraphe enlevés, nous étions comme exilés dans une autre planète, loin de tout et de tous.

La nuit surtout, c'était effrayant : les portes et les fenêtres battaient ; les négresses, épouvantées, poussaient des cris de terreur, croyant à un cyclone et, sur la route transformée en rivière, cela faisait un tel bruit qu'on se serait cru en chemin de fer, sous un tunnel.

Dans la journée, le médecin venait me voir, en bottes, si trempé qu'il avait peine à entrer ; c'était une vraie difficulté que d'aller de l'hôpital à notre case et d'en revenir.

Les cascades déboulinaient maintenant des montagnes comme de vraies chutes d'eau, des torrents, qui tombaient de très haut, avec un grand fracas.

Toute seule à la case devenue obscure, car notre beau soleil s'en était allé aussi, je regardais tristement toutes ces choses par la petite fenêtre qui était à côté de mon lit.

. . . .

Quand nous fûmes bien rétablis, le temps et moi, je fis mes adieux à ce délicieux pays de montagnes, et le même mylord qui nous avait amenés eut l'honneur de nous reconduire à Saint-Denis. Je passai là huit jours, on ne peut mieux reçue, dans une famille à laquelle on nous avait recommandés ; j'eus le temps de voir la ville et les environs, de m'apprêter au grand départ pour France et de trouver pour embarquer avec moi une bonne bretonne, native de Guéméné, égarée à Bourbon depuis six ans.

Le 9 mai, l'*Amazone* nous emporta, moins les petits « babas » et *madame ma bonne* qui nous firent des adieux touchants, et qui n'auraient pas mieux demandé que de continuer l'existence avec nous.

Nous devions mettre trois jours pour aller à Majunga : j'étais sans nouvelles depuis quelque temps ; on disait les troupes déjà en route ; anxieuse, je m'embarquai, priant ma bonne étoile de me guider jusqu'à mon retour en France.

MAJUNGA

Voilà si longtemps que j'attends sur le pont, pour être la première à voir cette terre de Majunga!!!...

Enfin, vers 10 heures du matin, nous mouillons en rade, assez loin du pays. Vingt-trois bateaux, portant tous le pavillon français, sont là, rangés comme pour une bataille; c'est imposant, cette flotte, et c'est un spectacle unique. On ne signale même plus les navires entrants, tant il en arrive; tout doucement nous nous plaçons près d'eux, en attendant la Santé; du reste, notre bateau n'a rien d'intéressant, n'amenant ni troupes, ni munitions.

Le commandant m'explique qu'à moins de contre-ordre, il ne compte rester que deux ou trois heures; aussitôt qu'il aura vu l'agent de la Compagnie, on partira.

J'ai froid au cœur en entendant cette sentence. Alors, *il* n'aura peut-être pas le temps de venir jusqu'à bord, s'*il* est encore à Majunga, lui que seul j'étais venue voir ici!... Et tout mon corps se glace à la pensée qu'il faudra s'en retourner sans s'être vus une dernière fois avant cette rude campagne!... qu'il faudra repartir sans s'être seulement serré la main!... moi qui voulais lui donner cette joie d'embrasser ses enfants et amener au camp de Majunga ce bébé, pour qu'il le vît une fois seulement, avant cette longue séparation des mauvais jours.

Je passai là deux heures d'attente, pendant lesquelles je faillis devenir folle d'angoisse et de découragement. Je n'avais aucun moyen d'envoyer à terre ou d'y aller moi-même. Je sentais le temps qui passait et je ne pouvais rien faire ; j'arpentais le pont en tous sens, sentant mes jambes encore faibles qui fléchissaient sous moi.

J'allais et venais, braquant ma lorgnette de tous côtés, consolant les enfants qui pleuraient de ne pas voir arriver leur père, sans avoir moi-même le courage de leur dire la vérité.

Quand la Santé vint à bord, notre docteur me fit signe de descendre avec lui à la coupée du faux pont; nous parlerions au médecin, on apprendrait peut-être quelque chose.

C'est l'*Annamite* qui commande la rade et c'est un médecin de ce bâtiment qui vient nous donner la libre pratique.

« Savez-vous si le capitaine X... est encore à Majunga?

— Hélas! répond l'autre, comment savoir, il y a tant, tant de monde; non, je ne sais pas. »

Et je remonte sur le pont guetter de nouveau les embarcations.

Mais voilà qu'un des grands bateaux alignés côte à côte avec le nôtre paraît se mettre en route; sa cheminée fume et il était là bien avant nous.

Sans oser rien demander, je m'approche d'un groupe de matelots faisant partie de notre équipage et qui causent ensemble :

« Tiens, dit l'un, voilà le *Notre-Dame-du-Salut* qui s'en va; ah! par ma foi, il est chargé; paraît que c'est les troupes de Diégo qui s'en retournent. »

Et je me mets à regarder ces hommes, à écouter, comme hébétée, les paroles qui sortent tranquillement de leur bouche et qui me font, à moi, l'effet de ma condamnation.

Il me sembla que c'était mon dernier espoir qui s'en allait avec ce bateau..... J'eus envie de crier, d'appeler, de me jeter à la mer en le voyant s'en aller majestueusement, avec cette lenteur du navire qui se met en mouvement.

Désespérée, je me laissai tomber sur un banc, la tête dans mes mains, pleurant comme les enfants que rien ne peut consoler... J'étais venue trop tard... tous mes efforts n'avaient servi à rien.

J'en étais là de mon chagrin, laissant couler mes larmes, sans souci des indifférents, lorsqu'une main vint se poser doucement sur la mienne et me ramener à la réalité. C'était une des religieuses embarquée avec nous.

Je crois bien que j'avais fini par faire pitié à tous ces gens, car chacun d'eux semblait compatir à mon angoisse. D'une voix tout attendrie, elle me disait : « Allons, Madame, ne pleurez pas, voyons ! mais venez vite voir une embarcation qui approche du bord ; il y a un officier et c'est peut-être votre mari. » D'un bond, je fus de l'autre côté : en effet, c'était bien une baleinière ayant l'air de venir vers nous, quoique encore loin ; elle avait un G à l'avant ; ce ne pouvait être que du

Gabès et le commandant, un ami, venait peut-être me donner des nouvelles.

En moins de temps qu'il n'en faut pour le dire, je descendis l'escalier. Le commandant — c'était bien lui — debout à l'arrière, m'ayant aperçue, me faisait des signes avec ses bras et, sûr enfin de me reconnaître, me cria de toute sa force : « *Il* est là ! »

Pour la seconde fois, je faillis me jeter à la mer, mais de joie cette fois ; mes larmes, qui coulaient bien encore un peu, m'empêchaient de voir distinctement ; je m'essuyai les yeux et, avec le même entrain et la même force, je répondis : « Merci... »

Une fois lui débarqué et après de chaudes poignées de mains, on s'expliqua fiévreusement.

Voici ce qui s'était passé : le commandant du *Gabès*, qui était à bord de son bateau, nous avait vus entrer et tout de suite, comme c'était convenu, il avait envoyé sa baleinière à terre ; les matelots, habitués à obéir sans explications, n'en demandèrent pas, bien entendu, et allèrent s'échouer sur la plage, attendant patiemment. Mais au bout d'une heure, personne n'étant venu, ils s'en retournèrent au *Gabès*. Le commandant comprit de suite qu'il y avait eu malentendu ou qu'un service avait retenu Pierre hors de chez lui.

Ce fut alors qu'il vint nous chercher sans perdre une minute, songeant à mon inquiétude et à ce que je devais penser en voyant partir le *Notre-Dame-du-Salut*. C'était un brave cœur, je le connaissais pour tel, et, mieux que personne, il comprenait toute l'angoisse de cette rencontre.

Avec les enfants, la bonne, bébé, nous nous embarquons tous dans ce petit canot : « Avant partout et nagez ferme ! » Nous partons pour le camp de Majunga.

Une fois de plus, j'ai foi dans mon étoile, car, dans ma joie, j'ai tout oublié : le soleil, les insolations, le danger de descendre à cette heure chaude avec un bébé d'un mois, les autres encore petits et une bonne portant pour tout chapeau une coiffe bretonne.

Il faut préserver tout ce monde de ce soleil dangereux, de cette maudite fièvre ; avec mon ombrelle, j'essaie de les abriter tous, car le trajet est encore long, nous sommes mouillés très loin de terre.

Une fois en route, nous voilà pris d'une peur : c'est de nous croiser avec Pierre, qui pourrait bien venir à bord d'une manière quelconque. Pour parer à ce danger, nous signalons notre baleinière à tous les bateaux que nous dépassons, avec prière de veiller les embarcations allant à notre paquebot.

Au bout d'une bonne demi-heure, nous sommes arrivés ; les matelots se mettent dans l'eau jusqu'aux genoux, tirant du fond du canot la petite planche qui doit nous servir pour débarquer ; d'un bond nous sommes sur la plage.

L'encombrement terrible causé par la guerre dans ce pauvre pays se fait sentir jusqu'ici et c'est au milieu de soldats de toutes sortes que nous faisons notre entrée à Majunga.

La case est là, tout près ; on court chercher le capitaine ; un homme d'infanterie de marine qui se doute de la chose, un malin qui voit tout de suite de quoi il retourne, se précipite vers la maison ; d'un air fier et respectueux, la main au casque, il s'écrie :

« Mon capitaine, venez vite ; c'est vot' dame et vos enfants. »

Alors, cette fois, oubliant toute étiquette, sans souci des gens et de cette foule qui nous entoure, nous tombons dans les bras l'un de l'autre.

. . . .

J'apprends qu'en effet *il* devait partir sur le *Notre-Dame-du-Salut* avec les troupes de Diégo, mais qu'un ordre du colonel, paru le matin au rapport, l'avait maintenu à Majunga. Une fois encore, ma bonne étoile m'avait protégée !

Et maintenant, nous allons tout de suite à sa case, une grande maison indienne, toute carrée, construite à la façon arabe, avec une terrasse à la place de toit et une cour intérieure mettant un peu à l'abri du soleil.

Elles ont l'air d'enceintes fortifiées, ces maisons, avec leurs terrasses un peu crénelées, les auvents de leurs portes tout en maçonnerie comme des guérites en pierre.

Un général et son état-major occupent tout le premier étage ; lui est logé en bas dans une espèce de sous-sol, de cave pour mieux dire, avec la terre sous les pieds. Il y a juste le nécessaire dans ce pauvre logis : un lit malgache, c'est-à-dire un cadre de bois monté sur quatre pieds, tendu avec des cordes et sur lequel est une natte ; ce lit est complété par un semblant de moustiquaire. Dans un coin, une vieille caisse sert de table, et une toilette des plus primitives est faite sur la malle de cantine.

Dans la cour intérieure, tout autour de la maison, ce ne sont que soldats ; il y en a partout de ces pauvres hommes déjà fatigués, chargés, armés comme si cette guerre allait commencer tout de suite, comme si l'on allait se battre là immédiatement. Ils portent sur eux tout le fourniment de guerre : le fusil, le revolver, les guêtres, le bidon ; rien n'y manque, jusqu'à leurs vêtements cachou, couleur de poussière, qui achèvent de leur donner l'air de soldats s'étant déjà beaucoup battus.

Quelqu'un qui ne saurait rien en arrivant ici pourrait s'imaginer que la guerre est déjà faite. Hélas !...

Des hommes de chez nous remplissent la cour, ils sont assis par terre, formant des groupes.

En passant j'en ai remarqué deux allumant du feu avec des vieux morceaux de bois pour faire chauffer quelque chose dans une casserole ; un autre faisait la barbe à son camarade avec un petit canif de poche.

A présent je me demande comment j'ai pu voir toutes ces bêtises ? comment même je les ai retenues ? Du reste, j'ai remarqué souvent que, dans les circonstances graves de la vie, on est absorbé par le détail, le petit détail bête et insignifiant, qui, à un autre moment, eût passé tout à fait inaperçu.

Si vous courez affolé d'un endroit à un autre, appelé par une mauvaise nouvelle, vous lisez toutes les affiches sans en passer une seule, toutes les enseignes des magasins, toutes les réclames : rien ne vous échappe ; ou bien vous considérez attentivement le dos d'un monsieur qui passe, et, tout d'un coup, vous vous apercevez que son paletot est d'une drôle de couleur, ou que son chapeau est de travers. Et ce misérable détail vous occupe malgré vous, alors que votre inquiétude continue quand même, vous absorbant d'une façon cruelle, et que votre pauvre cœur bat comme un fou, pendant que vous considérez les indifférents et les joyeux qui passent à côté de vous.

. . . .

Nous ne sommes pas plus tôt entrés que commence une défilade sans interruption de soldats, plantons, officiers qui viennent apporter ou demander des ordres.

Tous ont des airs pressés, des mines affolées ; ils restent comme pétrifiés de trouver là dans ce logis militaire une femme et des enfants.

Il y a tout à côté de nous, touchant le mur, la grande machine à distiller qui fait un bruit infernal. C'est un va-et-vient d'hommes de toutes sortes, des blancs, des noirs, qui transportent de l'eau dans des petits sacs en toile, et cela leur donne l'apparence de gens allant éteindre un feu, courant ahuris à un incendie.

Vite nous allons partir pour le camp, laissant les enfants à la garde du soldat, mais voilà bébé qui me réclame; c'est vrai, je l'avais complètement oubliée, cette toute petite que nous avions aussi amenée là. Alors, de l'air calme des Bretons, sa bonne me dit :

« Faut que Madame lui donne. »

Mais c'est que madame est incapable de lui donner quelque chose; quelle nourriture émue, agitée!!! il y aurait de quoi la rendre malade!... c'est impossible; il vaut beaucoup mieux avoir recours au lait concentré, le bon lait des petits coloniaux. Vite, qu'on aille chercher une boîte; on le chauffera dans une gamelle : et le pauvre troupier, passé bonne d'enfant pour un instant, court chez un Indien et rapporte le lait en question.

« Oh! mon capitaine, j'ai pas seulement mon quart, ni ma gamelle; tout qu'est encore emballé; mais les hommes sont là qu'en ont tous. »

En effet, nous le leur demandons et tout de suite je vois toutes les mains qui s'avancent, chacun apportant son quart, sa gamelle, c'est à qui prêtera quelque chose.

On chauffa le lait au feu qui était dans la cour, nous étions tous autour formant un rassemblement et c'était très drôle, très touchant aussi cette petite cuisine en plein vent, ce biberon préparé par ces hommes, pour le bébé de leur capitaine.

Tout de suite en partant, en quittant cette espèce de cave dans laquelle il est logé, nous nous dirigeons vers le camp : il y a des tentes un peu partout, et cela commence dès que nous sortons de la grande maison indienne. Dans les rues c'est une telle foule, un tel monde que nous avons de la peine à avancer.

Il y a là des soldats de tous les pays, de toutes les nations, des bleus, des rouges, des turcos, des spahis, et beaucoup d'autres encore, des noirs venus de tous les coins du monde : Somalis, tirailleurs sénégalais, Dahoméens, Kabyles, sans parler des indigènes du pays, Malgaches, Sakalaves, et des volontaires créoles de la Réunion. C'est une confusion terrible, quelque chose comme une tour de Babel, une réunion de toute l'humanité.

En route, nous rencontrons un long convoi de mulets conduit par des noirs ; on mène les bêtes boire là-bas, très loin ; on a fait une espèce d'abreuvoir à côté d'un puits possédant encore un peu d'eau ; c'est une vraie route à faire pour aller jusque-là.

Nous nous rangeons pour les laisser passer, regardant défiler tous ces noirs conducteurs de mulets, ils ont des airs las et fatigués, des airs de tristesse et de résignation, qui me fendent le cœur.

Hélas ! la fièvre les prend aussi, car les nègres eux-mêmes n'échappent pas à la terrible maladie. Il y en a toute une file interminable, une vraie caravane d'hommes et de bêtes, qui s'en vont lentement, se traînant presque et soulevant à leur passage un grand nuage de poussière rouge qui les enveloppe tous.

Alors commença pour moi une rude journée, une course folle à travers ce pays inconnu, au milieu de ce camp militaire. Il fallait tout voir, tout regarder, avec des amis retrouvés là. Ils voulaient tout me montrer, tout m'expliquer : leurs travaux, leurs peines, et jusqu'à leurs petits déboires, eux pour qui la guerre était commencée depuis de longs mois ; car l'ennemi était là, les guettant tous, frappant les plus forts, n'épargnant personne ! Cet ennemi dangereux ! le seul avec lequel on ne pût pas se battre !!... avec qui personne, même les plus braves, n'eussent osé se mesurer : la fièvre, la mauvaise fièvre de ce pays des Hovas. Cet ennemi injuste et lâche, dont parlait la reine avant la campagne, quand elle disait : « Je sais que les Français sont des braves et qu'ils savent se battre ; mais moi, je leur enverrai le plus puissant, le plus fort de mes généraux (la fièvre). »

En considérant toutes ces choses, je ne savais plus ce que j'éprouvais, mes idées étaient brouillées, renversées, mon cœur était comme affolé. Il y avait de la joie, bien sûr, la joie de se revoir, de se retrouver pour un instant, mais il y avait aussi l'effroi de se quitter, et je me demandais si l'un valait l'autre.

Oh ! ce camp de Majunga, je le vois comme si c'était hier, je le verrai ainsi toute ma vie avec la même intensité de pensée. C'était comme un chaos formidable, un débordement de gens, dispersés dans cette plaine immense, plantée d'arbres magnifiques et qui semblait diminuée, devenue trop petite pour contenir tout ce monde.

Et cela commençait depuis la plage, sur le sable même, où l'on avait entassé toutes les munitions, les marchandises, les vivres arrivés en grand nombre, à la hâte et qu'on ne savait plus où ranger.

Oh! ce chemin qui menait au fort hova, comme il montait!!! Dieu! comme la route en était longue et rude, car nous avions pris mille détours pour y arriver. A chaque minute, nous nous arrêtions pour voir une chose ou une autre : c'étaient des puits qu'on avait voulu creuser et qui étaient là, abandonnés, les hommes étant tous tombés malades, puis des travaux de défense, sortes de retranchements inachevés aussi, car dès qu'on touchait à la terre la fièvre arrivait tout de suite; le mal était là, dans le sol, dans l'air, partout; l'ennemi ne vous quittait jamais.

Nous voulions voir aussi le campement des troupes de Diégo parties le matin même. Les compagnies M. et D. qu'on renvoyait, à présent qu'on n'avait plus besoin d'elles; pauvre petite troupe d'infanterie de marine, si perdue au milieu de ce grand corps, tellement que personne n'en parla jamais et qu'elle ne compta même pas comme faisant partie du corps expéditionnaire de Madagascar. Un général d'infanterie de marine réclama pour ce bataillon oublié et il obtint à grand'peine qu'une poignée de ses hommes, c'est-à-dire 50 et 1 officier fussent ajoutés au 13ᵉ régiment d'infanterie de marine.

Ce fut à cette occasion que parut l'ordre suivant :

ORDRE GÉNÉRAL N° 15

Le général en chef ne veut pas laisser partir les troupes prélevées sur la garnison normale de Diégo-Suarez sans les remercier du concours qu'elles ont apporté dès la première heure pour l'occupation de Majunga et les opérations contre Maroway.

Comme témoignage de sa satisfaction pour les services rendus par cette troupe d'élite et afin de permettre à quelques-uns au moins d'entre eux de faire partie du corps expéditionnaire, il autorise M. le général commandant la 2ᵉ brigade à retenir à Majunga M. le capitaine Dupuis et 50 hommes des deux compagnies, qui demanderont à être incorporés dans les régiments de la 2ᵉ brigade.

Au quartier général de Majunga,
le 10 mai 1895.

Le Général commandant en chef,
signé : DUCHESNE.

Et pourtant, je vous jure que ce bataillon avait fait de rudes choses; je puis vous certifier qu'il y avait là des braves et des gens de valeur.

Quand les dernières troupes de France arrivèrent

au mois de mai, songez que ceux-là avaient déjà un an de Madagascar et qu'ils occupaient Majunga depuis les premiers jours de janvier.

Ce fut la période de préparation, période qui resta tout à fait dans l'ombre et dont personne ne se souvint. Ce bataillon passa à Majunga les mois de la mauvaise saison. On prépara des campements pour les troupes qui allaient venir, on leur construisit des paillotes.

Tous les pauvres Indiens habitant le pays durent évacuer leurs maisons. On les logea ailleurs, mais ce fut un gros événement pour tous ces musulmans qui demandèrent à quitter leurs logis à la nuit, toute leur smala ne devant jamais sortir de jour; cette affluence de monde, de militaires, les avait jetés dans l'épouvante.

Une fois les habitants partis, il fallut travailler à percer des fenêtres pour donner du jour et de l'air; ces maisons sont de vrais châteaux forts, sans une ouverture au rez-de-chaussée. Leur sécurité et aussi la crainte qu'on ne vît leurs femmes les obligeaient à construire de la sorte.

On fit des travaux de défense tout autour de la ville, et tout cela sans coolies, sans indigènes pour venir en aide, car les Hovas avaient fait le vide autour de nous, menaçant les gens qui resteraient, les terrorisant, s'ils nous vendaient des bœufs ou nous fournissaient quelques marchandises.

Les vivres manquèrent quelquefois ; la vie était très rude ; on travaillait souvent la nuit à décharger les bateaux de passage à Majunga. On sentait le temps qui passait, les jours qui fuyaient, et l'on était épouvanté du nombre d'hommes qui allaient débarquer dans ce pays de misère, sentant l'impossibilité de faire pour eux davantage.

On fit des reconnaissances dans les villages voisins, où s'étaient réfugiés les Hovas ; on tira quelques coups de fusil, et comme ces gens-là étaient en grande partie des lâches, ils ne se battirent pas longtemps ; et pourtant, ils auraient pu aisément massacrer cette poignée d'hommes, ce bataillon isolé, presque sans défense.

Pendant tout ce temps, la pluie tombait sans discontinuer ; chacun payait son tribut à la fièvre, car ces rudes travaux, faits pendant la saison des pluies, amenèrent une recrudescence de maladies parmi les hommes et les officiers.

Ceux-là, cependant, ne firent jamais partie du corps expéditionnaire.

. . . .

On a écrit déjà beaucoup de livres sur cette campagne de Madagascar ; dans l'un d'eux entre autres, paru tout dernièrement, j'ai pu lire ces quelques lignes à l'avant-propos :

« Le lecteur trouvera à la fin du volume toutes les pièces justificatives ainsi que divers documents qui nous ont paru particulièrement intéressants. Les noms de tous les officiers ayant pris part à la campagne, à un titre quelconque, ont été soigneusement relevés. »

Alors vite je regardai à la table, je feuilletai toutes les pages sans en oublier une seule ; le cœur me battait un peu, mais... je ne trouvai pas le nom de mes amis. . . . .
. . . .

Tout autour de nous des officiers à cheval, à mulet, passaient très vite portant des ordres, allant à un service quelconque et, à tout instant, je retrouvais dans ces officiers, des connaissances, des amis, beaucoup de gens que je croyais chez eux bien tranquillement, faisant du service en France.

Tout le monde avait donc voulu faire cette guerre, prendre sa part de cette campagne décevante et cruelle, pendant laquelle on devait à peine se battre, mais surtout mourir d'affreuses maladies, de ce mauvais mal des fièvres qui, en un jour, enlevait aux plus braves leur énergie et leur volonté?

Cela me parut si loin, le fort hova; il me semblait qu'on n'arriverait jamais. A présent nous étions tous couverts de poussière, devenus rouges comme la terre sur laquelle nous marchions. Il était tout au haut de la montée, ce fort dominant la ville, la rade et l'immense camp.

C'est une construction peu importante du reste, une sorte d'enceinte fortifiée, avec des cases en bois vermoulu, construites par nous en 1885. Elles servaient avant la campagne de logement à la garnison hova. Dans l'une d'elles se trouve la salle d'audience du gouverneur Raraliek. Son fauteuil est resté là, et compose à peu près tout l'ameublement de la maison. Sur le mur blanchi à la chaux sont encore inscrits les insignes de la royauté, un R et un M surmontés d'une couronne.

La guerre a déjà passé par là et le bombardement du *Hugon*, au mois de janvier, a donné le coup de grâce à ces pauvres masures; les portes sont par terre à moitié éventrées et les murs se ressentent des coups de canon. On a réparé tout cela tant bien que mal et, pour le moment, ce fort hova est habité par des soldats d'artillerie.

Nous étions là depuis un instant : j'écoutais les explications qu'on me donnait, et pourtant mon esprit était ailleurs, j'étais préoccupée. Tout à côté de nous, on entendait comme des plaintes, des gémissements, quelque chose de très douloureux, et je voulais qu'on vît, qu'on cherchât tout de suite ce que cela pouvait être.

Nous ouvrons une porte donnant sous la véranda de la case où nous étions ; là nous apercevons, couché par terre, un pauvre soldat qui se roulait dans d'horribles souffrances, sa tête battait de côté et d'autre, frappant le plancher à chacun de ses mouvements ; il était brûlant, de grosses gouttes de sueur roulaient sur son front, sur ses joues. Quand il nous vit entrer, il fit un effort pour saluer les officiers comme pour se soulever un peu, mais il retomba. On appela, on chercha des soldats pour s'occuper de ce malheureux, pour lui trouver une paillasse, quelque chose qui ne fût pas le plancher sur lequel il se roulait. Il y avait bien là d'autres hommes, mais on commençait à s'habituer à la souffrance et les camarades le regardaient comme hébétés !

« Allons, dit un officier qui lui avait pris la main, un peu de courage, mon garçon; vous n'avez pas bu au moins ?

— Oh ! non, mon capitaine ! »

Et ce « non » n'était pas douteux, à voir l'expression de souffrance du malheureux.

« Voyons, vous autres, qu'on transporte cet homme sur un lit de camp ; faites-lui quelque chose de chaud ; vous avez bien du thé ? »

Un gradé arriva.

« Pourquoi cet homme est-il là tout seul ? A-t-il vu le médecin, ce matin ?

— Mon capitaine, dit l'autre respectueusement et du ton bref qu'on emploie dès qu'il s'agit du service, nous sommes trop loin ; la visite ne vient pas jusqu'ici. »

On prit le numéro du pauvre soldat pour s'en occuper à l'arrivée, tâcher d'envoyer quelqu'un, et, comme j'objectais tout doucement qu'on pourrait peut-être le soigner dans un hôpital :

« Il n'y a plus de place », me répondirent tout bas, tristement, mes compagnons de route . . .

. . . .

Il nous dit merci quand il nous vit partir : merci d'avoir eu pitié de lui, voilà tout...

J'aurais aimé le consoler, cet homme, le soigner un peu, mais cela ne se pouvait pas...

Nous marchions sans rien nous dire, en quittant le fort hova. Je faisais de violents efforts pour ne pas me mettre bêtement à pleurer, et pourtant j'en avais bien envie.

Ce n'était pas sur cet homme seul que mes larmes eussent coulé abondamment, mais sur tous, sur les souffrances et les peines en masse de chacun, sur tout ce qui allait se passer, car nous n'étions qu'au commencement, et ce serait comme le flot qui monte, qui vient vers vous, vous dépasse, vous emporte....

Personne ne pourrait plus empêcher toutes ces choses ; il faudrait les subir simplement... avec courage. . . . .
. . . .

« Allons, dit un de ces messieurs, n'y pensez plus et ne pleurez pas sur tous les malades que nous rencontrons; vous n'auriez pas assez de larmes ! » Et lui aussi eut comme un soupir de découragement. . . . .

Nous avions marché si longtemps, nous nous étions tant attardés partout qu'en arrivant à la maison la nuit était venue.

Quant à moi, mes jambes ne me portaient plus ; c'était trop de choses à la fois, trop d'émotions, trop d'inquiétudes, trop d'angoisses : j'avais envie de demander grâce.

Vers 7 heures, arriva le commandant du *Gabès* qui venait nous prendre pour nous emmener dîner à bord.

Il fallut louvoyer habilement à travers les rues au milieu de toute cette foule (et ce fut encore plus difficile à la nuit), afin d'aller retrouver la baleinière qui avait mouillé un peu plus loin.

Grâce à Dieu, le paquebot ne repartit pas tout de suite. Il y avait eu quelques petites choses à décharger, à embarquer, et l'on avait réquisitionné le bateau : les militaires en ont le droit en temps de guerre. L'*Amazone,* donc, ne devait repartir que le lendemain, dans la matinée.

Ce pauvre *Gabès*, j'étais contente de le revoir. Il était arrivé le jour de mon départ de Diégo et c'était cette même baleinière, les mêmes hommes sans doute qui nous avaient conduits à bord de notre grand paquebot, le mauvais soir de ce triste départ.

Depuis ce temps-là, il s'était écoulé plusieurs mois, le *Gabès* avait fait beaucoup de bonnes choses.

Il eut à bombarder plusieurs villages indigènes occupés par les Hovas, et, pour faire ses reconnaissances, il dut remonter la rivière de la Betsiboka jusqu'à Ankaboke ; il le fit avec une audace et une habileté qui lui réussirent pleinement, ce qui fut regardé comme un tour de force.

Tous ces bateaux de la station, aussi bien à Tamatave qu'à Majunga, firent de la rude besogne ; mais là aussi, comme c'était la période d'occupation, on ne s'en souvint plus.

C'était pendant la mauvaise saison, cependant, la peine et les fatigues comptaient double.

Toutes ces forces réunies, la marine, l'artillerie, l'infanterie de marine, firent des efforts surhumains pour préparer le pays, aménager des logements, assainir, construire des baraquements pour les hôpitaux, faire des routes, etc.

On fit aussi des reconnaissances pour chasser les Hovas de leurs postes et y mettre nos troupes à la place. On réquisitionna, pour les réparer et les armer, tous les bateaux dont on pouvait disposer, l'*Ambohimanga* [1], le *Sigurd* [2], le *Boëme* [3], qui

---

1. Bateau hova pris à Diégo.
2. Appartenant à la Graineterie, à Diégo.
3. Appartenant à M. Suberbie.

furent très utiles pour remonter les rivières. On alla chercher un peu partout les quelques chalands que le pays possédait, à Diégo-Suarez, à Nossi-Bé.

On disposa de tout ce qu'on avait ; on fit l'impossible pour venir en aide à toutes ces troupes qui allaient arriver ; mais, hélas ! c'était encore trop peu de chose, en comparaison de ce qu'il eût fallu pouvoir faire.

Tous les matelots embarqués à bord des bateaux furent très éprouvés par la fièvre et la dysenterie, à la suite des travaux exécutés à terre pendant la saison des pluies.

Le *Hugon,* qui n'avait pas cessé de naviguer dans toutes ces mers pendant six années, reçut l'ordre de regagner la France, vers la mi-mars. Il était si usé, si vieilli, ce pauvre bateau, qu'on fut presque inquiet pour sa traversée de retour. Lui aussi avait bien pris sa part à toute la période de préparation.

Pas grand, le *Gabès;* pas confortable du tout le logement des officiers, le carré et le faux-pont... : c'est un bateau en miniature. Il y a là-dessus cependant un équipage de 80 hommes et 5 officiers, et tout ce monde vit là, dans ce très petit espace, par la chaleur, le gros temps, la tempête, pendant les longs mois de traversée, et sans jamais se plaindre.

C'est une vraie vocation, un grand amour du métier qu'il faut à tout ce pauvre monde pour naviguer sur ces coquilles de noix. Et à présent ces bateaux sont tous désarmés, rentrés au pays depuis longtemps, maintenant qu'est finie cette rude campagne............

. . . .

J'ai vu l'autre jour dans un petit appartement de Paris, tout à la place d'honneur, un souvenir que les officiers et l'équipage du *Gabès* avaient voulu offrir à leur commandant. Ils avaient fait graver dessus en lettres d'or, à côté de leurs noms à tous :

SOUVENIR DE 17 MOIS

D'UNE HEUREUSE CAMPAGNE

Pauvres, pauvres gens ! qui avaient tant peiné de toutes les façons, et qui avaient encore le courage d'appeler cela une *heureuse* campagne. Quelle leçon pour ceux qui seraient tentés de se plaindre de la vie !.....................

. . . .

Dans la soirée, le canot nous reconduit jusqu'au paquebot ; nous passons sur le pont une partie de la nuit. On avait encore tant de choses à se dire !

Le matin au petit jour, vers cinq heures et demie, nous retournons à terre, sans les enfants ; je voulais revoir encore un peu le pays, dire adieu au camp de Majunga.

Tout de suite en arrivant, nous allons voir la mosquée : un petit temple très pauvre, au milieu des ruelles étroites, dans un renfoncement, derrière deux ou trois cases. Allah n'y est pas logé très somptueusement et sa demeure est fort simple ; cependant j'appris plus tard qu'une autre mosquée beaucoup plus importante existait non loin de celle-là, mais elle n'était ouverte au public que les jours de cérémonies.

Très respectueusement, nous enlevons nos chaussures à la porte et nous entrons dans ce temple si calme, si tranquille, au milieu des agitations du dehors.

Un indien musulman couché par terre, ayant passé la nuit dans la mosquée, se réveilla à notre arrivée et nous regarda d'abord d'un air très méfiant. Puis, quand il vit que nous étions nu-pieds et que nous paraissions très recueillis, il se rassura et, se recouchant de l'autre côté, il se rendormit.

Ah ! si Allah avait pu m'entendre et m'exaucer !! comme je l'aurais prié d'arrêter les événements, d'éloigner de nous dès maintenant ces mauvais jours qui allaient commencer ; cette campagne qui allait coûter la vie à tant de pauvres gens, amener tant de misères, tant de souffrances, faire couler tant de larmes, tout cela pour posséder un pays qui ne servirait à rien, qu'à nous faire une colonie de plus, et une mauvaise encore !... — Mais Allah ne m'entendit pas et toutes ces tristes choses arrivèrent. . . . .

. . . .

Dans les rues étroites du pays, la journée étant déjà commencée, la vie avait repris, agitée et bruyante. Nous visitons quelques boutiques indiennes, quelques échoppes non fermées, dans le but d'y trouver un chapeau de paille, un chapeau de bonne d'enfants destiné à remplacer la coiffe de Guéméné ; partout on nous offre le chapeau hova, semblable à notre affreux gibus, mais seulement en paille de riz, cousu à la main grossièrement et recoupé une fois la paille tressée.

Rien qu'à l'idée de voir Marie-Anne là-dessous, je pars d'un grand éclat de rire. Découragée, je renonce à mon achat et nous continuons notre promenade à travers ces rues mouvementées.

Nous allons voir les bureaux de l'intendance, la boulangerie, tout cela campant moitié en plein air, moitié dans les cases indiennes ; la soupe des hommes qu'on distribue dans les nouvelles gamelles en aluminium ; ils ont aussi les quarts, les bidons en métal pareil, brillant comme de l'argent, et le chargement de chaque homme est au moins très allégé.

Des tentes en grosse toile grise ont été dressées dans les rues pour les hommes qu'on n'a pu caser ailleurs et tout ce monde vit là, à la belle étoile ou au grand soleil !

Les puits de la ville, des espèces de grandes citernes, ont été bouchés, maçonnés dans la crainte que les Hovas ne les aient empoisonnés, car ils sont terribles et très lâches avec leurs poisons ; on ne fusille pas, on ne tranche pas la tête dans ce pays-là : on vous empoisonne.

Quand un noir a commis un crime, une mauvaise action quelconque et qu'il est puni de mort, on l'invite à boire une *tisane,* c'est-à-dire à prendre un poison qu'on lui a préparé... Ils en ont de très violents ; les Hovas emploient généralement les poisons végétaux, surtout le tanguin. C'est un assez bel arbre qui donne des fruits un peu comme la pêche; le poison se trouve dans le noyau qu'on fait infuser et qui a la propriété de coaguler le sang en amenant des convulsions affreuses et d'horribles souffrances. On fait donc boire au patient son breuvage et tout le peuple, réuni en grande cérémonie, assiste à la terrible agonie de ce malheureux; j'allais dire de ce criminel, mais cela n'est pas toujours.

Quelquefois, quand on veut dépouiller quelqu'un de ses biens, ou s'en débarrasser, on l'accuse d'un crime quelconque et on lui fait boire la tisane en lui promettant que, s'il est innocent, les dieux l'empêcheront sûrement de mourir; il boit l'affreux poison, mais les dieux imaginaires n'empêchent rien du tout.

DÉPART DE MAJUNGA

A bord, on vint aussi nous dire adieu : des officiers, des amis, et même le monsieur aux framboises, retrouvé là par hasard et qui, en galant homme, venait me présenter ses hommages, toujours accompagné de son fidèle petit boy, qui tenait, comme dans la chanson, « à sa main droite un bouquet de roses » et de l'autre un délicieux petit singe ou plutôt une maque de Madagascar, ce qui est beaucoup moins laid.

Très curieuses et vraiment jolies, ces maques, avec leur petite tête fine, un peu comme celle de l'écureuil, la fourrure gris pâle très fournie et une belle queue zébrée noire et blanche.

J'étais touchée tout à fait de ces petits cadeaux, car Dieu sait où l'on avait pu trouver des roses à Majunga ; mais, je dois le dire honteusement, la maque ne m'enthousiasmait pas. Ayant déjà trois enfants, l'idée d'un petit singe en plus me laissait froide ; d'autant que ces petites bêtes ont besoin de vivre en liberté.

Elles sautent d'un arbre à l'autre, en faisant des bonds prodigieux ; si vous les enfermez dans une cage, elles s'y balancent pendant des heures d'un air ennuyé et sautant bêtement comme un joujou à ressort, à vous en donner mal au cœur.

Et puis j'avais conservé un mauvais souvenir de ces maques. Un soir, à Diégo, nous avions eu une grande frayeur. Une de ces bêtes, échappée d'une cage, avait sauté du toit d'une maison sur la tête de ma pauvre Moë, lui faisant avec ses dents aiguës une entaille assez profonde ; on l'avait relevée, la chérie, tellement couverte de sang qu'on ne voyait plus sa figure. Les nègres épouvantés l'emportèrent chez le pharmacien, un bon noir de Bourbon qui avait reçu la permission de vendre des remèdes et qui était un très brave homme. La route qu'il fallut suivre pour arriver jusqu'à sa case fut pour moi le chemin du Calvaire.

Grâce à Dieu, les yeux n'avaient rien ; on lava la blessure à l'eau phéniquée, mais le bobo fut assez long à guérir, tant la morsure avait été profonde.

Depuis ce jour, la vue seule de ces bêtes me faisait horreur.

Les enfants se décidèrent donc, quoique à regret, à faire cadeau de leur maque à l'équipage du *Gabès* ; je leur fis comprendre qu'il y allait de son bonheur et que cette petite bête prendrait plus facilement ses ébats sur les vergues du bateau que dans un coin de notre cabine. J'espère que le monsieur aux framboises ne s'en fâchera pas, et n'y verra qu'une bonne intention.

C'était un explorateur sérieux que M. Wolf; il était venu à Majunga avec l'idée, qu'il mit du reste à exécution, de suivre la colonne à la suite des troupes. Ce fut en compagnie de son petit noir et d'un âne non moins petit, amené de Zanzibar, qu'il monta péniblement jusqu'à Tananarive.

J'eus l'occasion plusieurs fois, durant la campagne, de lire des articles qu'il avait fait paraître dans des gazettes allemandes, toujours fort élogieux pour nous, pour nos troupes, et leur endurance en face des dures fatigues de la guerre.

Ce fut un départ plus triste encore que les autres, car il y avait désormais entre nous l'inconnu de cette campagne qui commençait déjà si doulou-

reusement. Les enfants eurent un gros chagrin et se révoltèrent tout à fait à l'idée qu'il fallait laisser ici ce papa si heureusement retrouvé. Nous étions tous trois très misérables. . . . .
. . . .

L'*Amazone* ne mit que deux jours pour aller à Mahé : c'était un bon bateau qui marchait bien et partout nous arrivions en avance; c'en était même gênant. C'est ce qui m'avait valu cette émotion, à Majunga ; arrivés presque une journée plus tôt qu'on ne pensait, on n'était pas venu me chercher.

A Mahé aussi, où nous devions transborder sur le grand bateau d'Australie, nous arrivons en avance, et sommes obligés de rester au mouillage un jour et une nuit.

Ce fut une terrible chose que cette attente dans cette petite rade pittoresque et jolie au possible, mais à peu près fermée, entourée de montagnes presque de tous côtés et où il fait toujours une chaleur horrible.

A trois heures de l'après-midi, on fait le fatal transbordement et nous quittons l'*Amazone,* le bateau des familles où tout le monde avait été bon et serviable pour nous. Nous ne devions jamais plus revoir son commandant, M. Frager, homme charmant, père de famille; il mourut quelques mois après, d'une manière tragique, d'un accident à bord d'un bateau sur lequel il allait repartir. Nous nous étions quittés sur une plaisanterie, un petit mot d'amitié pour rire; le courrier venait justement de lui apporter l'ordre de sa rentrée en France; il en était tout joyeux et faisait de doux projets pour ce retour qui devait lui coûter la vie.

On avait embarqué peu de passagers à Majunga: quelques soldats convalescents qu'on rapatriait et un officier de chez nous très malade, si changé que je ne le reconnus pas et cependant il avait passé de longs mois avec nous à Diégo.

Comme un homme bien élevé, il était venu, tout de suite après le départ, m'offrir ses services, se mettre à ma disposition, disait-il, si j'avais besoin de lui. Pauvre garçon! mais c'est moi plutôt qui aurais pu lui venir en aide, car j'étais encore plus forte que lui; il était si maigri, si réduit à rien qu'on eût pu le prendre dans les bras comme un enfant.

Les autres passagers qui transbordèrent avec nous n'étaient pas non plus très nombreux, mais presque tous étaient malades.

Il y avait deux familles françaises de Maurice, qui retournaient en France pour essayer de s'y guérir des fièvres ; le résident d'Anjouan et les siens qui venaient de passer trois rudes années dans cette île, tout seuls comme Français, sans aucune ressource, n'ayant même pas de pain et au milieu de noirs qui leur étaient très hostiles et essayèrent plusieurs fois de les empoisonner ; puis les religieuses descendues de Tananarive et des autres points de Madagascar, pauvres saintes femmes, bien malades aussi, celles-là, mais qui ne se plaignaient jamais.

Entassés dans un canot et remorqués par une énorme chaloupe à vapeur, nous arrivons très vite au grand paquebot australien.

Un pont très encombré, couvert de monde. Des gens agités et bruyants vont et viennent, parlant haut, riant très fort ; beaucoup de femmes en toilettes claires et qui se croient très chics : du faux chic par exemple, couleurs criardes et voyantes, moins le bon goût et les jolies choses.

Personne de tout ce monde ne parle notre langue ; on n'entend que l'accent anglais ; c'est à se demander si nous sommes vraiment sur un bateau français.

Le commandant fait les cent pas sur le pont, paraissant très absorbé par le flirt et les *young misses* australiennes ; il se multiplie, va de l'une à l'autre, très entouré d'une nuée de ces jeunes personnes ; lui aussi parle ce rude langage, avec un fort accent qu'il garde même dans sa langue maternelle.

Oh ! tous ces gens-là, ça ne les amusa pas du tout de nous voir arriver ; nous sentions nous-mêmes que nous n'étions pas à la hauteur.

Ils nous regardèrent monter avec un certain mépris et nous reçurent assez mal ; nous leur faisions l'effet de colis en mauvais état ; qu'auraient-ils dit, grands dieux ! si j'avais amené le petit chat de Salazie et le singe du monsieur aux framboises ; on les aurait jetés à l'eau, bien sûr. Nous n'étions à leurs yeux que de vulgaires passagers, des voyageurs *à trente pour cent,* comme nous dit un peu plus tard un des officiers du bord !.....

A quoi bon nous ménager ? au point de vue commercial, nous ne faisions pas gagner le bateau ; ça n'était ni par goût ni par plaisir que nous étions là. On nous casa tous ensemble à l'arrière, dans les cabines dont personne n'avait voulu.

Le vent de la révolte souffla tout de suite parmi nous ; on forma dès le premier jour ce que nous appelions le clan des révoltés, et, mutuellement, tous les transbordés du bateau pas chic, intrus à bord de ce grand paquebot, jurèrent de se venir en aide, de se protéger les uns les autres; et l'on se tint parole.

Un administrateur de la compagnie, homme aimable et obligeant, m'ayant donné au départ de Majunga une lettre de recommandation, je la fis remettre au commandant, mais cela ne parut pas le frapper du tout. Par bonheur, je retrouvai à bord un jeune commissaire qui était un ami d'enfance et nous protégea de son mieux avec son demi-galon.

Une fois révoltés, nous n'étions plus très commodes à mener, je dois le dire, moi toute la première; mais vraiment c'eût été si facile à éviter. Nous ne demandions pas des choses extraordinaires; mais, quittant un bateau où chacun nous avait montré une grande bienveillance, nous espérions trouver ici un peu de cette même sympathie : on oublia totalement de nous la témoigner.

Un mauvais vent nous attendait pour doubler le terrible cap Guardafui. — La mer démontée, des lames qui nous arrivent de tous les côtés, comme des montagnes d'écume, balancent notre pauvre bateau qui roule, tangue avec une grande majesté.

Une chaleur lourde, étouffante, les sabords fermés rendant les cabines inhabitables, et, sur le pont si gai, si animé d'ordinaire, c'est un encombrement de gens malades, abattus, gémissants et désolés.

La journée passe encore, mais la nuit arrive et personne ne peut se décider à quitter le pont pour venir à table. Toutes les *young misses,* d'ordinaire si élégantes, décolletées le soir, toutes voiles dehors, ont pour l'instant renoncé au chic et au flirt; elles ont l'air de leurs grand'mères, enveloppées d'immenses châles à carreaux, blotties sur les chaises longues et poussant des cris d'épouvante; pas fiers non plus leurs compatriotes, qui ne dînent jamais qu'en smoking et qui ont aussi l'aspect très désolé.

Du reste, chez eux, c'est un chic tout particulier : le soir, une grande étiquette; mais, dans la journée, des costumes d'intérieur des plus fantaisistes qui les font ressembler vaguement à des clowns, des pierrots, des arlequins. Les enfants, auxquels on n'avait rien dit, l'ont eux-mêmes remarqué, et Jacques, en enfant terrible, n'a pas manqué, le premier jour, d'aller se poster devant un monsieur tout habillé de blanc, depuis les souliers jusqu'au chapeau de feutre en fond d'artichaut, et de lui dire : « Dis donc, Monsieur, pourquoi que tu t'es habillé en Gugusse ? »

De temps en temps, une grosse vague passe par-dessus bord, balayant les chaises, les bancs ; tout le monde est par terre, trempé, ahuri, appelant au secours. Un matelot arrive tranquillement, son bonnet enfoncé jusqu'aux yeux : « C'est pas rien, c'est un mauvais coup de barre » ! et l'idée de ce *pas rien,* qui pouvait nous jeter tous à la mer, nous fait beaucoup rire, une fois l'émotion passée. De ses grosses mains rudes, il aide les uns et les autres à se relever. Pour moi, j'en tremble encore en y pensant ; je courais partout cherchant les enfants, bébé, sa bonne, que je ne voyais plus, car avec des si petits, ils auraient pu disparaître, être jetés à la mer sans qu'on ait le temps de crier gare.

. . . .

Un coin de bateau qui est le nôtre, très encombré, très obscur. C'est là qu'on a casé les voyageurs gênants ; les enfants, les malades, dont les plaintes et les cris eussent pu gêner les passagers de plaisir.

D'abord le capitaine d'infanterie de marine, emmené avec nous, qui ne quitte plus du tout sa cabine, la dernière de toutes, la plus mauvaise à cause de la trépidation de l'hélice. On a pris, pour le soigner, un soldat à lui, le moins malade parmi les rapatriés et, toute la journée, toute la nuit, il est là en faction devant la pauvre chambre. Si nous avions le malheur de ne pas ramener jusqu'en France cet officier malade, c'est la nuit, presque en cachette, toujours par crainte d'attrister les voyageurs importants du paquebot, que se ferait la triste cérémonie de l'immersion.

A côté, un jeune officier anglais, revenant des Indes presque entièrement paralysé : une figure fine d'Anglais de race, ravinée par la souffrance ; il s'en va, se traînant sur ses béquilles, toujours accompagné de son fidèle Malabar. Très drôle, ce dernier : tout à fait le bibelot des Indes ; ces petits bonshommes en bois peint doré, coiffés de l'immense turban blanc, en forme de gâteau, de pièce montée, et la culotte bouffante à la taille, très serrée aux chevilles.

Celui-là aussi couche par terre en travers de la porte ; il me faut l'enjamber tous les soirs pour rentrer chez moi et, vu ainsi étendu, il a encore plus l'air d'être en bois. Avant de s'endormir, il dévisse son grand turban qui reste toute la nuit posé majestueusement à côté de sa tête. Quelquefois, pour amuser les enfants et nous divertir un peu, je m'en coiffe et, ainsi métamorphosée, je m'en vais faire une petite visite au *clan des révoltés*, logés aussi tout près de nous.

Nous avons encore dans la cabine voisine un bébé anglais et sa bonne indienne ; celle-ci est le vrai pendant du Malabar, son ami, du reste. Quelle jolie paire ils eussent faite tous deux, dans une vitrine, à côté du magot qui remue la tête et de l'hippopotame en porcelaine ; c'était là leur vraie place.

Elle portait des bagues à tous ses doigts de pieds ; à ses chevilles, d'énormes bracelets en argent massif ; aux oreilles et au nez, de grands anneaux d'or et, pour compléter la parure, de petites turquoises finement encerclées d'or vissées dans ses narines. Installée par terre sur une natte, dans cette demi-obscurité, elle faisait jouer son bébé, l'éventait, le baignait ou cuisinait sa petite *boubou*, pendant que ce chérubin, tout nu, beau comme les amours de Prud'hon, riait du gros rire des bébés ou poussait des cris perçants qui se mélangaient avec les plaintes des malades d'à côté.

Tout ce pauvre monde si différent : bébé de France et bébé des Indes, Malabar en bois, soldat d'infanterie de marine, nounou de Calcutta, Bretonne de Guéméné, tout cela vivait pêle-mêle entre ces quatre planches, dans la plus grande intimité, ne s'étant jamais vus avant, ne devant jamais se revoir, essayant de se comprendre et de se venir en aide dans un mélange d'anglais, de français et d'indien, chacun ne parlant que juste sa langue.

Au milieu de ce petit capharnaüm, un escalier biscornu en colimaçon menait sur le pont; c'était par cette sorte d'échelle que descendait tous les matins, venant chercher bébé, notre matelot protecteur, *un pays* de Marie-Anne. Il attrapait le berceau et son contenu, les tenant solidement sous son bras et, chargé de ce précieux fardeau, il allait l'amarrer, avec un bout de *fil caret,* à l'endroit qui lui paraissait le plus stable du bateau, au pied du grand mât ou ailleurs.

Cette petite Malgache fut vraiment un bébé modèle, ne criant jamais, si bien que, les premiers jours, en apercevant le moïse sur le pont, les passagers l'avaient prise pour une poupée aux enfants.

LA BONNE-MÈRE

Un matin, de bonne heure, elle nous apparut dans la brume, encore voilée par le brouillard des matinées de printemps ; c'était comme un point lumineux vu au travers des nuages, comme une étoile brillant à peine.

Et le premier matelot qui l'aperçut cria joyeusement aux autres :

— « Té ! voilà la Bonne-Mère ! »

Alors ce fut une grande agitation sur tout ce bateau : les hommes, l'équipage, les passagers frémirent de joie et d'impatience, car ce cri voulait dire pour nous : « Voilà le pays, voilà la terre de France ! »

En un instant tout fut oublié, apaisé : les petites peines, les ennuis, tout ce qu'on avait enduré, souffert pendant cette traversée ; même le clan des révoltés ne s'en souvenait plus ! Les soucis s'envolaient à mesure qu'on approchait, nous faisant le cœur léger avec la joie du retour.

La Bonne-Mère aussi[1] avait vraiment l'air de venir au-devant de nous, dominant de très haut cette grande cité de Marseille qui prend, vue de la mer, des aspects de ville fortifiée avec ses montagnes grises découpées, crénelées comme des tours.

Oh! vous, les sceptiques et les démolisseurs de notre époque, vous qui voulez détruire toutes ces saintes choses, je vous en prie, n'enlevez jamais la Bonne-Mère! Croyez-moi : vous ne trouverez pour la remplacer, rien de plus beau, de plus poétique et de plus doux que cette Vierge d'or qui vous tend les bras quand on rentre au pays.

---

1. Notre-Dame-de-la-Garde.

AU REVOIR

Au revoir mes amis d'infanterie de marine, au revoir et sans adieu !

. . . .

Nous nous retrouverons peut-être un jour dans quelque pays étrange et sauvage où vous ferez encore de *grandes choses* et moi..... de *très petites*.

Mais il eût fallu une autre plume que la mienne pour parler de tout cela ; pour dire vos vies pleines d'héroïsmes et de bravoure, vos vies simples, sans embarras, sans orgueil, avec cette tranquillité des gens familiarisés avec le danger, qui le regardent face à face sans étonnement et sans angoisse.

A vous tous, aux inconnus comme aux amis de tous les jours, dont la vie frôle la mienne, je voudrais dire ma sympathie et mon admiration.

Moi aussi, je suis fière d'être des vôtres, de

passer ma vie au milieu de vous, d'être un peu votre camarade.

Cette page de mon existence aura été un peu agitée, un peu rude, et, comme vous, j'aurai fait beaucoup d'étapes ! Mais elle aura été aussi une des meilleures, car j'aurai passé là toute une année vivant côte à côte avec des braves ; et c'est bien quelque chose, je trouve !

Hélas ! de tous ceux que j'ai connus là-bas, combien ne reviendront pas !...

C'est d'abord le capitaine B..., le premier de tous qui nous accueillit à Diégo, qui vint nous chercher à bord en arrivant et nous reçut chez lui si gentiment. Celui-là était pourtant solide et bien portant, il faisait, disait-il — le pauvre garçon, — sa dernière campagne ! Après cela, il prendrait sa retraite, ce serait le bon repos pour toujours.

. . . .

Il fit ses deux années de séjour à Diégo comme major de la garnison pendant la campagne, et fut porté au choix pour commandant ; c'était pour lui la dernière difficulté vaincue, la récompense bien gagnée de beaucoup d'années de peines et de soucis. En novembre, son temps de colonie fini, il s'embarquait pour France, fatigué, déjà malade, et, dès son arrivée à Marseille, une congestion pulmonaire l'enlevait en quelques heures. Il mourut tout seul dans un hôtel, sans parents, sans amis, comme un inconnu, sans ceux qu'il aimait pour lui fermer les yeux. Et pendant ce temps, sa femme, qui, elle aussi, était venue à Madagascar, mais avait dû le quitter un an auparavant, l'attendait en Normandie, où elle venait de s'installer pour y passer le bienheureux congé, le repos tant attendu, tant rêvé....

Un autre aussi de Diégo, le capitaine F..., marié, mais qui était venu seul.

Le pauvre garçon fut si malade qu'on dut le rembarquer après un long séjour à l'hôpital. Je vois encore tous les camarades allant lui dire adieu à bord du bateau qui l'emmenait ; je me rappelle cet air découragé ; je sens encore les pauvres mains brûlantes qu'il nous tendit pour la dernière fois ; c'était si petit, si peu confortable, la pauvre cabine où il devait tant souffrir et finalement mourir. Il n'atteignit même pas Marseille et c'est, je crois, vers Suez qu'il s'endormit pour toujours.

Deux jeunes médecins de la marine, de Diégo encore, qui n'avaient pas trente ans, enlevés par les fièvres en rentrant en France.

Et tant d'autres encore dont je ne parle pas ! car

il serait grand, le livre d'or où l'on écrirait les mémoires de ces braves, où l'on dirait leur rude métier, leurs souffrances de tous genres endurées loin du pays, dans ces colonies meurtrières où il faut toujours guerroyer, et où beaucoup s'en vont mourir bravement, simplement comme ils ont vécu.

Tous les jours on en apprend de ces nouvelles terribles, si bien que maintenant, quand je rencontre quelqu'un de ces officiers ayant fait la campagne de Madagascar, j'ose à peine dire les noms de ceux que j'ai connus là-bas, demander de leurs nouvelles, tremblant d'entendre une fois de plus la réponse qu'on m'a déjà faite si souvent :

« Comment ! vous ne saviez pas ? »

Alors je pense en moi-même, avec un profond sentiment de chagrin et un peu d'amertume, que pour ce pays maudit, nous avons perdu tant de braves, gâché, enseveli tant de courage, tant de force, tant de jeunesse et qu'après tout cela, nous ne sommes pas encore maîtres de cette terre des Hovas.

Car je connais les Français avec leurs idées chevaleresques, qualité tout à fait superflue pour aller conquérir ces pays sauvages. Ils commettront la faute irréparable de laisser les Hovas maîtres de

Madagascar, au lieu de les annihiler pour toujours, en les remplaçant par les autres peuplades sakalaves de l'île, Antankares et autres. Ceux-là étaient nos amis ; ils l'avaient prouvé en 1885 et nous attendaient comme des sauveurs devant les débarrasser de la domination tyrannique des Hovas ; c'était leur droit, car nous leur avions fait souvent de belles promesses !

À présent, ne comprenant plus rien à notre manière d'agir, ils finiront, si l'on n'y prend garde, par faire cause commune avec nos ennemis, et en grossiront ainsi le nombre.

Et puis, avec cette haine que nous avons de notre religion, plutôt que de paraitre la défendre, nous préférons favoriser celle d'un pays que nous n'aimons pas ; c'est ainsi que nous en arrivons à protéger là-bas les protestants, sans nous rendre compte que ces peuples noirs sont loin d'être au courant de nos idées compliquées sur la *libre pensée* et que, pour eux, tout grand pays doit avoir sa religion à lui.

A leurs yeux, protestant veut dire Anglais, catholique veut dire Français ; on n'aura pas le courage de l'avouer en France, mais en réalité toute la question est là. Nous avons brouillé les idées de tous ces malheureux, et, à part les Hovas qui sont tous protestants, les autres, Musulmans, très stricts en matière de religion, restent tout désorientés de ce qu'ils considèrent comme une sorte d'apostasie. Nous avons commis là une faute grave dont nous serons punis.

. . . .

Mais ne parlons plus de tout cela, on pourrait penser que je suis dans les mécontents. Non, je suis seulement dans les attristés. Je sais encore tant de douloureuses choses que je ne veux pas dire!

Il n'appartient à aucun de nous de blâmer son pays, encore bien moins à une femme, et, dès maintenant, quand je songerai à cette guerre sur laquelle on a tant écrit et tant discuté, je veux voir seulement passer dans mon esprit le souvenir des vrais héros de cette campagne, de ces milliers d'hommes qui ont tant souffert, sans même avoir eu la joie de se battre et dont le plus grand nombre est mort misérablement, loin du pays, sans se plaindre, sans réclamer, uniquement..... parce que c'était le devoir.

Table des Matières

———•O•———

	Pages.
Le départ	1
En mer	4
Port-Saïd	10
Le canal de Suez	13
Suez	20
La mer Rouge	21
Périm	23
Une fête à bord	33
En mer	36
En rade de Diégo-Suarez	39
Chez nous	44
La ration d'eau	52
Un cimetière dans le sable	58
Un général à Diégo-Suarez	61
Fausse alerte	64
Un bal à Diégo	66
Un pique-nique à la montagne des Français	70
La *Corrèze*	76
Le roi des Antankares	78

TABLE DES MATIÈRES.

Pages.

La Saint-Louis à Diégo. 84
Un ami 86
L'usine d'Anamakia. 91
Le Kabar. 98
Bruits de guerre. 104
Visites de sultan. 108
Aux avant-postes 111
Déclaration de guerre 115
Majunga — Nossi-Bé 121
Hamparahiniguidro 131
Nossi-Bé. 135
Ambohimarina 142
La montagne d'Ambre 145
L'hivernage 148
Nouvelles de Majunga et de Tamatave 151
La pluie chez soi 156
Nouvelle frontière. 159
Diégo en état de siège 162
La nuit de Noël. 165
Adieux du sultan 172
M et Mme Charifou-Jewa. 176
Déménagements aux colonies 181
Départ de Diégo. 185
Une escale à Sainte-Marie. 187
Tamatave 196
En mer 201
La pointe aux Galets. — Arrivée difficultueuse. 204
La Réunion. — Sa vieille histoire 212

TABLE DES MATIÈRES.

	Pages.
En route pour Salazie	223
Une lettre pour France	231
Notre case	236
Petits babas	238
Botanique de petits nègres	242
Le village	246
Le petit chat	256
Nos lettres	259
Bébé	261
Majunga	265
Départ de Majunga	296
La Bonne-Mère	309
Au revoir	311

Nancy, impr. Berger-Levrault et Cie.

BERGER-LEVRAULT ET Cie, LIBRAIRES-ÉDITEURS

Paris, 5, rue des Beaux-Arts. — Nancy, 18, rue des Glacis.

La Vie militaire au Tonkin, par le capitaine LECOMTE, breveté d'état-major, attaché à l'état-major du corps expéditionnaire. Illustrations par M. DAUPHIN. 1893. Très beau volume grand in-8 jésus de 360 pages, sur fort papier vélin, avec 70 dessins au lavis et 5 croquis cartographiques. Broché sous couverture illustrée . . . . **10 fr.**
Relié en percaline gaufrée, plaques spéciales . . . . **12 fr. 50 c.**

L'ARMÉE FRANÇAISE AU TONKIN. — **Le Guet-Apens de Bac-Lé**, par le capitaine LECOMTE, breveté d'état-major. 1890. Volume in-12 avec 21 illustrations par M. DAUPHIN, et 3 cartes, broché sous couverture illustrée en couleurs . . . . **3 fr.**

L'ARMÉE FRANÇAISE AU TONKIN. — **Marche de Lang-Son à Tuyen-Quan.** Combat de Hoa-Moc. Déblocus de Tuyen-Quan, par le capitaine LECOMTE, attaché à l'état-major du corps expéditionnaire du Tonkin. 1889. Vol. in-8 avec 10 cartes et croquis hors texte, broché. . **3 fr. 50 c.**

La Région nord-est du Tonkin, par M. GUÉRIN, lieutenant d'infanterie de marine. 1892. In-8, avec 6 planches . . . . **2 fr.**

La Question du Tonkin (l'Annam et les Annamites; histoire, institutions, mœurs, origine et développement de la question du Tonkin. Politique de la France, de l'Angleterre et de la Chine. Le protectorat), par Paul DESCHANEL, rédacteur au *Journal des Débats*. 1883. Volume in-12 de 513 pages, broché . . . . **5 fr.**

L'Escadre de l'amiral Courbet, par Maurice LOIR, lieutenant de vaisseau à bord de la *Triomphante*. Illustrations par M. BROSSARD DE CORBIGNY. 1894. Très beau volume grand in-8 jésus de 360 pages, sur fort papier vélin, avec 160 dessins au lavis, en photogravure, 10 croquis cartographiques et portrait. Broché sous couverture illustrée . . . . . **10 fr.**
Reliure riche, gaufrée en 9 couleurs, tête dorée . . . . . . **12 fr. 50 c.**

— *Le même ouvrage*. 6e édition. 1892. In-12, avec portraits et 10 cartes, broché . . . . **3 fr. 50 c.**

De Hanoï à Pékin, par A. BOUINAIS, lieutenant-colonel d'infanterie de marine, avec une préface de M. Alfred RAMBAUD, professeur à la Faculté des lettres de Paris. 1892. In-12 de 428 pages, broché . . . . **3 fr. 50 c.**

Histoire de l'Expédition de Cochinchine en 1861, par le contre-amiral L. PALLU DE LA BARRIÈRE. Nouvelle édition. 1888. Volume grand in-8, avec 3 cartes, broché. . . . . **7 fr. 50 c.**

De Rochefort à Cayenne. (Scènes de la vie maritime.) Journal du capitaine de l'*Économe*, par Jules DE CRISENOY; illustré de 52 dessins par Pierre DE CRISENOY, peintre de la marine. 1883. Un fort volume in-8 de 330 pages, avec 2 cartes . . . . **8 fr.**

La Conquête de l'Océan, par le contre-amiral RÉVEILLÈRE. 1894. Un volume in-12 de 340 pages, broché . . . . **3 fr. 50 c.**

Un Coup de sonde dans l'océan des Mystères (Autarchie), par le contre-amiral RÉVEILLÈRE. 1896. Un volume in-12, broché . . . **2 fr.**

L'Europe-Unie (Autarchie), par le contre-amiral RÉVEILLÈRE. 1896. Un volume in-12, broché . . . . **2 fr.**

Tutelle et Autarchie, par le contre-amiral RÉVEILLÈRE. 1896. Un volume in-12, broché . . . . **2 fr.**

Croix et Croissant (Autarchie), par le contre-amiral RÉVEILLÈRE. 1897. Un volume in-12, broché. . . . . **2 fr.**

BERGER-LEVRAULT ET Cie, LIBRAIRES-ÉDITEURS

Paris, 5, rue des Beaux-Arts. — Nancy, 18, rue des Glacis.

Histoire de l'Armée coloniale, par NED NOLL. 1896. Un volume in-8, avec illustrations de M. NAYEL . . . . **2 fr. 50 c.**

Silhouettes tonkinoises, par Louis PEYTRAL. Illustrations de GAYAC. 1897. Joli volume in-12, broché sous couverture illustrée . . **3 fr. 50 c.**

La Guerre au Dahomey. 1re Partie : *1888 - 1893*, d'après les documents officiels, par Éd. AUBLET, capitaine d'infanterie de marine, officier d'ordonnance du Ministre de la marine. Un beau volume in-8 de 358 pages, avec un portrait, 21 croquis et 2 cartes, broché. . . . . . **7 fr. 50 c.**

— 2e Partie : *La Conquête du Dahomey (1893-1894)*, par le même. Un volume in-8, avec 5 croquis et 1 carte, broché. . . . . **5 fr.**

Madagascar. L'île et ses habitants. Renseignements historiques, géographiques et militaires. La guerre franco-hova (1881-1885), d'après les documents du ministère de la marine, par G. HUMBERT, capitaine breveté de l'infanterie de marine, officier d'ordonnance du ministre de la marine. Avec un vocabulaire franco-malgache d'après les indications de M. SUBERBIE. 1895. Vol. in-8, avec 8 cartes topographiques, br. **4 fr.**

L'Expédition de Madagascar. Rapport du général DUCHESNE. Suivi de nombreuses annexes (instructions, ordres, etc.), et accompagné de cartes et de croquis, d'après les travaux du service géographique du corps expéditionnaire. Un volume in-8. (*Sous presse.*)

L'Armée et la Flotte en 1895. Manœuvres navales. Manœuvres des Vosges. *L'Expédition de Madagascar*, par ARDOUIN-DUMAZET. 1896. Un volume in-12, avec de nombreuses cartes, broché, sous couverture illustrée . . . . **5 fr.**

Le même ouvrage a paru pour les années 1893 et 1894.

Au Sud de l'Afrique, par Frédéric CHRISTOL, avec 150 dessins et croquis de l'auteur. Introduction par Raoul ALLIER. 1897. Joli volume in-12, broché sous couverture illustrée. . . . . **3 fr. 50 c.**

La Tunisie. 1896. Publication en 4 beaux volumes in-8 :
— 1re partie : *Histoire et Description*. Le sol et le climat. L'homme. Organisation. 2 vol. avec 40 planches, dont 22 en couleurs, brochés. . **10 fr.**
— 2e partie : *La Tunisie économique*. Agriculture. Industrie. Commerce. Finances. 2 vol. avec 13 planches, dont 3 en couleurs, brochés . . **10 fr.**

Impressions coloniales (1868-1892). Étude comparative de colonisation, par Charles CERISIER, ancien officier du commissariat de la marine, directeur de l'intérieur du Congo français. 1893. Volume in-8 de 367 pages, avec une carte, broché . . . . **5 fr.**

Organisation générale des Colonies françaises et des pays de Protectorat, par Edouard PETIT, chef de bureau au ministère des colonies, professeur à l'École coloniale. 1894. 2 volumes grand in-8 d'environ 700 pages chacun. Prix de chaque volume broché . . . . . . **12 fr.**
Relié en percaline . . . . **13 fr. 50 c.**
Relié en demi-maroquin . . . . **14 fr. 50 c.**

Le Régime du Travail et la Colonisation libre dans nos colonies et pays de protectorat, par Henri BLONDEL, sous-chef de bureau au ministère des colonies. 1895. Volume de 180 pages, broché . . . . . **5 fr.**
Ce volume fait suite à l'ouvrage de Éd. PETIT sur *l'Organisation des Colonies.*

www.ingramcontent.com/pod-product-compliance
Lightning Source LLC
Chambersburg PA
CBHW060459170426
43199CB00011B/1258